有序管理

工作效率提高一倍的管理法则

段志刚◎著

中华工商联合出版社

图书在版编目（CIP）数据

有序管理：工作效率提高一倍的管理法则 / 段志刚著 . -- 北京：中华工商联合出版社，2019.11
ISBN 978-7-5158-2593-9

Ⅰ . ①有… Ⅱ . ①段… Ⅲ . ①企业管理－通俗读物
Ⅳ . ① F272-49

中国版本图书馆 CIP 数据核字（2019）第 220862 号

有序管理：工作效率提高一倍的管理法则

作　　者：段志刚
责任编辑：肖　宇　袁一鸣
责任审读：李　征
责任印制：迈致红
出版发行：中华工商联合出版社有限责任公司
印　　刷：三河市龙林印务有限公司
版　　次：2020 年 1 月第 1 版
印　　次：2020 年 1 月第 1 次印刷
开　　本：710mm × 1000mm　1/16
字　　数：180 千字
印　　张：15.25
书　　号：ISBN 978-7-5158-2593-9
定　　价：58.00 元

服务热线：010-58301130
销售热线：010-58302813
地址邮编：北京市西城区西环广场 A 座
19-20 层，100044
http://www.chgslcbs.cn
E-mail:cicap1202@sina.com（营销中心）
E-mail:gslzbs@sina.com（总编室）

前言
Preface

管理者为什么那么累，却没有成果

《吕氏春秋》中有这样一则故事：孔子的两名弟子宓子贱和巫马期曾被国君任命治理鲁国的单父（今山东单县）。虽然二人先后在单父做官，但却在治理上出现了很大的差别。

宓子贱工作十分轻松，并且悠闲自在，被人们称为是“鸣琴而治”。然而，在宓子贱的管理下，单父的生活水平有了很大提高，百姓生活富裕，丰衣足食，安然自得。待宓子贱离开，巫马期接管后，为了能治理好单父，他早上天还没亮就出门办公，晚上要忙到深夜才回家，即使如此，巫马期治理的单父较之于宓子贱时期并无更好。

那么宓子贱和巫马期在管理上有什么不同呢？

其实，宓子贱并无治理诀窍，不过是集中了大家的力量来帮他一起管理单父，并懂得合理安排每个人的职责，可以说其管理有序而不失灵活。而巫马期在管理中，无论大小事务都是亲力亲为，每天早出晚归，杂活一堆，长久下去，杂乱无序的管理，自然让人非常辛苦。

换句话说，宓子贱的管理是任人而治，有序科学；巫马期的管理是任力而治，杂乱无序。

对管理者来说，这两者产生的效果当然是不一样的。在现代社会中，管理者的无序也会让员工疲惫不堪。

一位刚晋升为营销部经理的管理者总是和自己的朋友抱怨做管理太累了。因为团队成员的年龄小，没有经验，所以任何一个项目方案都必须依靠他自己。很多时候，项目拿到手之后，他不知道该把具体的任务交给谁，心里总觉得自己做的话很快就搞定了，交给成员，光说教和培训就要花几个小时。所以，项目只要下来，通常他是最忙碌的。

一段时间之后，他开始感到身心俱疲，并和朋友不断抱怨管理工作太累，团队成员成长太慢，帮不上忙等。然而他的朋友听完却告诉他："你的管理看上去太乱了，听起来你也没有给他们成长的机会。"

他忽然明白了，团队之所以出现现在这种杂乱无序的情况，归根结底是他在管理上出现了问题。一个管理者应该做的是培养团队，有序任人，而不是一人扛下所有杂活。

有序的管理就是管理者要在管理的各方面学会科学组织。每一个管理者都渴望能够获得高效的时间管理、高效的工作效率、高才能的优秀成员，希望可以在管理工作之余，节省更多时间去追逐自己的梦想。但是，绝大多数的管理者在尝试了很多方法之后，管理工作似乎并没有改善，依然是越管越忙。这些都是因为管理无序所导致。

你是否存在下列管理无序的特征：

- 事务一箩筐，不知道先做哪件事，更不知从何处下手？
- 思路混乱，对很多事情非常不确定？
- 完全无顺序地组织员工工作？
- 在对员工不了解的基础上，随意安排任务？

- 沟通后问题依然没有解决？
- 只看到团队表面关系融洽？
- 明明时间很多，却总有做不完的事情？
- 随随便便就做出决定？

……

可见，管理无序会给管理者带去无端的疲惫和折磨。成功的管理者告诉我们，勤奋从来都不是最好的管理药方，井然有序的管理才是一种大智慧。本书给管理者带去了一种管理解药，让更多在混乱无序的管理工作中负重前行的管理者，能够实现卸下盔甲轻装上阵的愿望。

本书从筛选、思路、组织、发现、联动、关系、时间、批判等管理关键点出发，让管理者可以提高管理有序的意识和方法。当懂得有序管理之后，重复管理、多头管理、错位管理等各种错误都会得到有效改善，企业的管理效率也会大幅度提高。

企业想拥有一个具有深刻内涵的企业文化，就必须要在分工明确、各司其职，有序管理的基础上实现。做到有序管理之后，每个员工就能明确自己的岗位职责，才不会产生推诿等不良现象。

如果公司是一个庞大的机器，那么每个员工就是一个个的零部件，只有让这些零部件有序运转，公司这台大机器才得以良性运转！

目录
Contents

第一章 筛选：抓对重点是有序管理的第一步

抓重点，是一种从纷繁复杂的现象里，抓住根本和关键点的能力。管理工作中往往会涉及很多关乎环境和复杂对象的事情，而且范围越广规模越大、复杂度越高。所以“抓重点”是管理者必须具有的重要能力。

第二章 思路：一个清晰的大脑对管理者有多重要

不同的管理模式遇到相同的工作问题，处理结果为什么会不同？原因在于思路。一个清晰的思路，可以帮你快速理清事务来龙去脉，犹如顺藤摸瓜一样迅速解决问题；不清晰的思路会让你处理工作时，显得杂乱无序而且低效。这就是思路的意义。

第三章 组织：管理无非是人和资源的事情

彼得·德鲁克说："管理无非就是人和资源的事情。"管理者只要搞清楚人才和资源两大方面的事情就可以做到有组织、科学的管理。很多管理者总是忽视了人才的重要性，或者忽视了资源的重要性，只抓一头，这样的管理难免会让公司出现不平衡的现象。

第四章 发现：有序了解每个员工的优势

你了解每个员工的优势吗？如果无法做出肯定的回答，说明你的管理过于主观，缺乏发现的能力。管理者的发现能力首当其冲就表现在有序地了解每个员工的优势和劣势，让员工发挥出自己的最大优势，也为团队乃至公司创造更大的利益和价值。

第五章 联动：只需掌握团队沟通的最核心点

有序的管理还需要掌握团队联动的能力，联动离不开高明的沟通。高效的管理者都懂得一个原则，那就是在联动时，只需要掌握团队沟通的最核心点，然后据此深入沟通，就能一举击破，这种沟通不但有序，而且高效。

第六章 关系：团队内部真的如表面那样平静吗

团队的关系决定了团队是否稳健、强大，高效的团队总是属于那些内部关系和谐的团队。这主要是指团队成员之间的关系。如果团队成员之间表面和谐，暗地里却钩心斗角，这样的团队关系就无法促成整体管理上的有序。因此，团队关系的和谐稳定是有序管理的重要基础。

第七章 时间：有序管理让每天都有 25 小时

时间管理的意义在于让管理者可以掌握更加高效工作的技巧，如果管理者懂得时间管理的高效法则，就能够给自己腾出更多时间，例如如何把碎片化时间变成整块时间。掌控时间是一种巨大的无形财富。因此，管理者必须要掌握时间管理的正确方法。

第八章 批判：管理者的向内思考力决定团队的有序度

向内包括自我反省、承认错误、自我批判等，管理者掌握了这种能力之后，做出的每一个决策就不会盲目无序，管理的想法也便能经得起考验和分析，这是有序管理的一个重要体现，更是保证整个团队有序发展的重要法宝。

1

第一章

筛选：抓对重点是有序管理的第一步

抓重点，是一种从纷繁复杂的现象里，抓住根本和关键点的能力。管理工作中往往会涉及很多关乎环境和复杂对象的事情，而且范围越广规模越大、复杂度越高。所以“抓重点”是管理者必须具有的重要能力。

认知过载是好事还是坏事

作为一个管理者，认知过载是不是一件好事呢？换句话说，管理者在日常工作中，是不是经常把“我认为”“我觉得”“我以为应该”放在嘴上呢？管理者的工作想要有序开展，必须要弄清楚一件事：认知过载并不等于管理更好。

我听过一个这样的故事，管理者也可以听一听：

一位叫马克的男人，早上起床洗漱时，随手将自己的高档手表放在洗漱台边，妻子看到之后，怕手表被水淋湿了，顺便将手表拿到了餐桌上。

儿子麦克到餐桌上喝牛奶时，不小心将手表碰掉在地上摔坏了。

马克极其喜欢这块手表，于是狠狠地骂了麦克一顿。然后黑着脸还责骂妻子，他认为妻子不应该把手表放在餐桌上。妻子不服气，告诉马克是为了防止手表被水弄湿才拿走的。马克争辩说自己的手表是防水的。

于是二人激烈地斗嘴。一气之下马克没有吃早餐，直接开车去上班。就在快到公司时，他才发现自己忘记带上午开会需要用到的重要文件。于是他立刻掉头回家。

然而，他到家时，却发现家里没人，妻子上班去了，而自己也没带钥匙。于是打电话给妻子。

妻子慌慌张张地往家赶时，在马路上撞倒了花店的鲜花，老板要她赔偿，她不得不赔偿了一笔钱才摆脱。

马克拿到文件再返回公司时，已经迟到了半小时，挨了经理一顿严厉批评，马克的心情非常糟糕，下班时，因为一点小事又和同事大吵了一架。

妻子也因旷工被扣除当月奖金。儿子麦克这天参加棒球赛，因为早上爸爸冲自己发火而心情不好，于是发挥不佳，在第一局就被淘汰了……

看看这一家子发生的事情。

在这个事例中，手表摔坏只占事情发生概率的 10%，后面一系列事情则占到了 90%。

通过这个故事，你是否可以看出认知过载的现象。很多人一开始就处在认知过载的状态，看待任何事情的出发点都是“我以为”“我认为应该是……”，当心智跟着这种思路走的时候，心灵闭合和认知失调已经主宰了自己的工作和生活。

在管理工作中，有这种认知过载现象也未必是好事。很多时候，管理者的一句“我以为……”很可能就会磨灭一个员工的积极性，也可能会让一个本可以有大发展的创意搁浅，还可能会失去一些订单。总之，管理者在认知过载这件事上不能全部主观地认为。那么管理者该如何做呢？

1. 时刻保持空杯心态

随时准备接受新的知识和内容出现在管理者的周围，淡定地去面对一切，不断通过阅读升级自己的思想操作系统。这才是最重要的。

实际上，认知过载是一种变相的骄傲模式。

很多管理者在没有遇到一些能力出众的员工或者其他管理者之前，总觉得自己很优秀，而往往到了后来才发现自己还有很多需要学习的地方。特别是那些刚刚成为管理者的人，总觉得自己有很多值得骄傲的地方，于是随意指挥员工。这就是认知过载的典型表现，这样做不但不会让员工信服，反而还会让员工不服。

在说起空杯心态时，我想先说一个颇具禅意的故事：

一位自认为是成功者的人与一位智者聊天，想要寻求智者的启发和帮助。成功者说起自己的经历喋喋不休，智者则沉默不语。这时候，智者给成功者添茶，他将茶水注入这位成功者的杯子，满了也不停下来，而是继续往里面倒。眼睁睁看着茶水不停地溢出杯外，成功者着急地说："已经满出来了，不要再倒了！"智者却说："你就像这只杯子一样，里面装满了自己的看法和想法。如果你不先把杯子清空，叫我如何向你说呢？"

管理者也是如此，必须要放下自己的心。将心倒空，才能拥有更大的成功。每个人都辉煌过，但成绩只属于过去，辉煌也不可能自然地延续下去。如果不把盛满成绩的杯子倒空，管理者还能接受他人的什么呢？更谈不上进步。

想要成为有序的管理者，必须要时刻倒空自己的心，如果你的心太满，容不下别的东西，即便是有人往你的心杯里猛灌，也会溢出来。

2. 心理层面上的认知过载

认知过载也称为认知负荷，它指的是当外界信息量超出大脑接收处理的阈值时，出现认知超载的情况。通俗来说，人脑跟电脑一样，处理信息的能力是有极限的，如果超过了一定数量，就会变慢，最后死机，这就是认知过载，如图 1–1 所示。

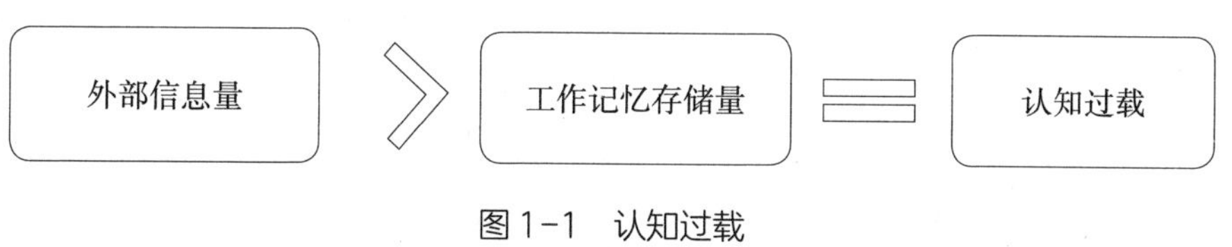

图 1–1　认知过载

如何能解决这种认知过载情况呢？

（1）只列大方向

管理者可以将多项任务放在一个集合里面。这就好比我们网上购物，去一些网站，在很多购物网站里你都可以看到类似的组合方式。完全没必要一次性展示出多种选项。如果可以将它们放在隐藏菜单中，这样就比较理想了。这些隐藏的大型菜单依旧会给用户很多选择，同时这样也不会给他们带来负担。管理也是这样，管理者不需要把所有的事项都摆在台面上，或者都一一传达给员工，你只需要列出一个大方向，那些子任务自然就会被包含在大方向里面了。

（2）组块策略管理

管理者需要懂得“组块”策略——将需要展示的大量事项以可管理的方式组合起来，这是非常有效的。这也是数字组合的记忆方法。例如，一组电话可以分为国家编号、地区编号等，将它们组合成一组三个数字和两组四个数字便于记忆，而如果列出一连串的十几个数字很难被人记住。

管理者在分配事项时，可以将许多信息按照类型分组罗列。这样，员工也能快速了解和明确，更能提高工作效率。

亲力亲为的结果很可能是做了无用功

经常有些管理者和我聊天时会这样说：

“我的那些员工，什么都做不好，事事都要我亲自上阵。”

“等员工经验丰富了，我才能省心。”

“下属都没有接受过培训，我也没有时间教，公司大大小小的事情都离不开我。”

“等我跟他们交代清楚，我自己都做完了。”

……

事实上我很清楚这些话语都是牢骚，而且并不能证明这些管理者能力有多强，反而说明他们不懂得有序管理。最后的结果只能是：自己叫苦连天，员工不领情，工作效益上不去。

古语有云：“得人之力者无敌于天下也；得人之智者无畏于圣人也。”

作为管理者，拥有员工的“力”和“智”，集聚众人的能力，应该是值得庆幸的事情。但有些管理者偏偏把自己累得要死，什么事都亲力亲为，事必躬亲，对于管理者来说，这并不是成功的表现，而是一种恶习。

在有序管理中，管理者必须要摆脱这种“亲力亲为”的现象。

1. 坚持“多想多看、少说少干”的原则

很多刚刚从员工提升为管理者的人更是如此，这一原则尤为重要。我知道很多因业务能力出色而升职的管理者，往往会在一线拼搏，冲锋陷阵，事实上这是不够妥当的。对管理者来说，必须要“多想多看”，这样才能做到“旁观者清”，才能更客观高效地判断事情的是非曲直。

管理者更需要做的是交代任务，而不是完成任务。交代任务就必须要多想多看，想的是如何组块管理，如何把任务合理分配；看的是员工的优势，事项的紧急状态。“少说少干”就是在这个基础上的一种管理能力。把任务重点的分配说到点上，让员工处理合适的工作，这样统一完善和链接，才能让工作效率得到提升。

2. 知道什么是“你能做的事”和“你该做的事”

身为一个管理者，想要让员工信服，提升自己的管理效率，你的能力无须通过“你能做的事”来证明，能做并不代表你就要亲自去做。你更应该考虑下面两件事，如图 1-2 所示。

图 1-2　管理者应该思考的问题

确定了这两点，你就可以确定事情的优先级别，为自己争取更多可供自由支配的时间。

举个简单的例子，打印一份文件，这个工作其实谁都能做，管理者也能做。但是管理者却不该做。因为这些细节繁琐的小事，不需要管理者亲力亲为。管理者应该把更多宝贵的时间和精力放在“该做的事情”上，例如开会、提出方案、确定订单、邀请客户等等。分清楚两者的区别，你就可以很好地做到有序管理，公司也会在你手上有序开展运营。

3. 去除“来者不拒”的坏毛病

很多管理者以为“来者不拒”是一种能力，甚至觉得自己可以包揽全部是一种骄傲。

回忆一下，你是不是经常这样说：

“把文件放这儿吧，一会我来处理。”

“让我想想再告诉你。”

“稍后我会再通知你。”

“你别管了，这件事我来处理。”

“把具体情况跟我说明一下。”

“把没完成的工作给我发一份。”

……

这样的管理者真的是大有人在，他们以为整个公司都离不开自己，任何事情都是“来者不拒”，事必躬亲。

实际上，这样做的结果有三个，如图 1–3 所示。

这样的管理不是有序管理，更不是科学管理，而是恶性循环的管理。时间久了，管理者会越来越累，员工越来越懒惰，执行力严重下降，公司

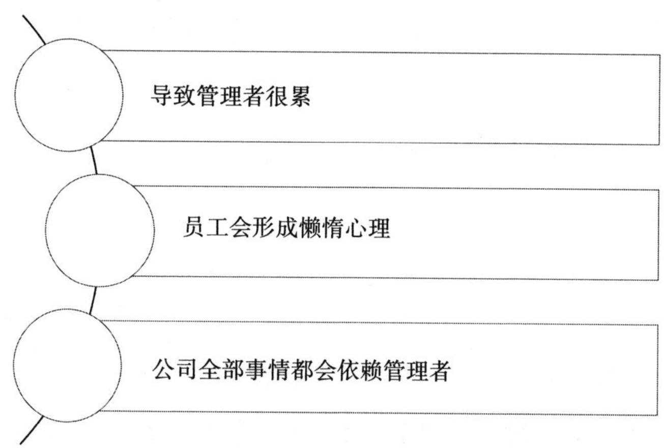

图 1-3　管理者“来者不拒”导致的结果

效益也会迅速下降。

因此，管理者必须要去除这种管理“毛病”。分清楚部门和员工的职责，该是谁的工作就让谁去做，坚决不能纵容员工形成懒惰的习惯。

4. 不要过于追求尽善尽美

每一位管理者都希望在自己的管理下，团队可以成为一个完美的组织，虽然他们清楚这并不太现实。完美永远是相对的，如果凡事都由管理者自己来做也未必就会不出一点儿问题。允许员工在实践中犯错，这样他们才能成长。

因此，管理者不要过于追求完美，可以试着培养员工的积极性，让员工形成主动分担的习惯，让工作快速、科学、有序地进行。

太多信息和抉择困扰着管理者

在管理工作中，一个团队也好，一个企业也罢，只要涉及管理，就必定会牵涉人的因素。很多管理者往往被不同的员工所困扰，而这些困扰主要来源于不同员工产生的不同信息。换句话说，管理者如果被太多的信息和抉择困扰，那么就不是一个好的管理者，也不会是一个懂得有序管理的人。

我曾经听说一个原理，叫“管理者背上的猴子”。这个理论是著名经济学家威廉姆·翁肯（William Oncken）发明的一个有趣的理论。所谓的“猴子”，是指“下一个动作”，意指管理者和下属在处理问题时所持有的态度，如图 1–4 所示。

图 1–4 “管理者背上的猴子”的含义

现实中很多管理者往往遇到这样的情况：

每天走进办公室之后，总有一些员工跑到自己面前说："我昨天的工作遇到了一些问题，该怎么解决？"

这个时候，有些管理者会认真听取员工的问题，然后还会帮助员工梳理问题，甚至解决问题。但是也有些管理者，当听完员工的工作汇报后会发现这件事情并没有拿出彻底解决的方案。无论哪种管理者，都会因为这些琐事信息而耽误了原本的时间，也耽误了原本的计划。这其中的关键在于，本该属于员工的工作，因为逃避责任的缘故，却交由管理者处理。每个下属都有自己的"猴子"，如果都交由管理者处理，显然，管理者自己的时间将变得很不够用。

威廉姆·翁肯提出的猴子管理法则，目的在于帮助管理者确定由适当人选在适当的时间，用正确的方法做正确的事。当然，这个法则只能运用在有生存价值的"猴子"身上，不该存活的"猴子"就要下决心将其"剔除"。

身为管理者要能够让员工去抚养自己的"猴子"，这样管理者才会有足够的时间去做规划、协调、创新等重要工作。

1. 别让"猴子"爬到你的背上

管理者想要有序管理，必须要明确一点：千万别让员工的"猴子"爬到你的背上。这里的"猴子"就是指那些过于烦琐的信息和抉择。

我们举个例子：

有一天，一位团队成员在办公室的走廊与团队管理者不期而遇，成员停下脚步问："老大，有一个问题，我一直想向你请示该怎么办。"

此时，你可以清楚地看到成员的身上有一只需要照顾的"猴子"，接下来他将问题汇报了一番。尽管管理者有事在身，但还是不太好意思让成员失望。你非常认真地听着……慢慢地，肆无忌惮的“猴子”的一只脚已悄悄搭在你的肩膀上。

你一直在认真倾听，并不时点头，几分钟后，你做出了决定。

你对他说这是一个非常不错的问题，很想先听听他的意见，并发问：“那你觉得该怎么办？”

这时，成员也很“狡猾”地说道：“老大，我就是因为想不出办法，才不得不向你求援的呀！”

你可以这样说：“不会吧，你一定能找到更好的方法。”在说这句话时，可以配合你抬手看手表，并说：“这样吧，我现在正好有急事，明天下午我有空，到时你拿出几个解决方案来我们一起来讨论。”

然后你就走了。

这时候，那只肆无忌惮的“猴子”不再嚣张，而是悄悄收回了搭在你身上的那只脚，继续留在成员的肩膀上。

第二天下午，成员如约前来。从脸上表情看得出，他似乎胸有成竹：“老大，按照你的指点，我和其他成员一起商量，拿出了五个觉得还可以的方案，只是不知道哪一个更好，现在就是请你拍板了。”

注意，一只叫“抉择”的猴子再次出现了。

即使你一眼就已看出哪一个更好，也不要急着帮他做抉择。不然，他以后对你会更加依赖，或者万一事情没办好，他一定会说：“老大，这不能怪我，我都是按照你的意见去办的。”

你可以兴奋地说：“太棒了，这么多好方案。你认为哪一个方案更好？”

员工会说：“我觉得 C 方案更好一些。”

“这的确是一个不错的方案，不过你有没有考虑过万一出现这种情况，该怎么办？”

“噢，有道理，看来用B方案更好。”

“这方案真的也很好，可是，你有没有想过……”

“我明白，应该选择A方案。”

这时候，眼看员工往管理者的思路上走，于是管理者可以说：“非常好，我的想法跟你一样，我看就按你的意见去办吧。”凭你的经验，其实你早就知道应该选择A方案，你不直接告诉他的目的是想借此又多创造一次训练成员的机会。训练是一个虽慢反快的过程——训练得“慢”是为了将来更快。

如此一来，管理者不但没有把充满着繁杂信息和抉择的“猴子”接过来，而且还有效地训练了员工，一举两得。

2. 摆脱困扰的方法

正如上述的案例一样，很多繁杂的信息和抉择都是员工给管理者的。如果没有员工的依赖心理，管理者也不会如此困扰。所以，摆脱这种被信息和抉择困扰的方法有以下几点：

（1）该下属做决定的事，一定要让他们自己学着做决定

（2）让员工自己思考问题

为什么很多员工不思考问题、不习惯做决定？其根源一般有这样几个（见图1–5）。

很显然，这样的管理者以及他所带领的团队难以胜任复杂的任务。

（3）让员工产生信心与成就感

员工产生信心与成就感之后，就会有解决复杂问题的积极性，也会慢

图1-5　员工不思考问题、不习惯做决定的根源

慢提高其能力。越来越有能力的下属能越来越胜任更重要的任务。

（4）激发员工的行动力

做到这几点之后，管理者就会因此不必照看员工的“猴子”，从而会腾出更多的精力去照看自己的“猴子”，这样的管理也才会更加有序进行。

此外，管理者还需要控制好工作时间和内容。

对于管理者来说，首要任务必须是通过消除“受员工制约的时间”来增加自己的“自由支配时间”。其次是利用这部分刚掌控的自由支配时间确保各个员工确实具有并运用积极性。最后管理者要利用另一部分增长的自由支配时间控制“受管理者制约的时间”和“受公司制约的时间”。

让每个部门都忙碌起来

2019年年初的一部电视剧《大江大河》中有这样一个桥段：

剧中的主人公宋运辉升职后，成了一个部门的小领导，手下有两名员工。然而宋运辉却一个人做着三个人的工作。按理说，是很轻松的管理工作，而且明明功劳苦劳都是自己的，却最后被两个员工打了小报告，落得个费力不讨好的下场。

这种下场很多管理者都遇到过。如果管理者自己一个人“太努力”，那么其他员工就很容易形成惰性，甚至还会把所有部门的事情都推给管理者，这会让管理者苦不堪言。

实际上，如果一个企业长期处于这种不健康的状态，不仅管理者会累到怀疑人生，员工也会感觉没有成就感。

那么，作为企业或者团队的管理者，应该如何避免类似情况出现呢？首先的一点就是要想办法让每个部门都忙碌起来。这种忙碌不是漫无目的的瞎忙，而是有序地分配任务，让部门有序地忙碌。

1. 管理者要明确自己的职责

经济学家亨利·明茨伯格（Henry Mintzberg）研究发现，管理者通常会扮演着多种角色，而这主要分为三大类（见图1-6）：

人际角色：该角色归因于管理者的正式权利。管理者会扮演三种人际角色，分别是代表人角色、管理者角色和联络者角色。

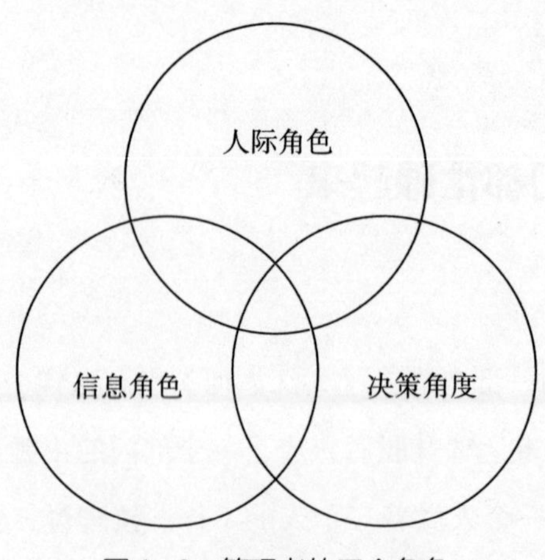

图 1-6　管理者的三个角色

信息角色：该角色管理者负责确保和其一起工作的人能够得到足够的信息。

决策角色：在该角色中，管理者会处理信息并得出结论。管理者负责做出决策，并分配资源以保证决策方案的实施。

所以，那些看上去很累但却不知道累在何处的管理者，通常是看起来很勤勉，实际上是将自己错误定位，把自己从管理者的角色延伸到了执行者的角色。

2. 给员工信任和授权

不管结果如何，都要放手让员工们去做，让员工亲自履行自己的职责。当然，在工作的过程中，管理者应当进行适当的引导和监督，这样员工们就能在实际工作中，慢慢成长起来，让执行力越来越强。

同时，还要给负责具体事务的员工授予一定的权力，也就是“赋能”，让员工有积极性且有成就感，这样才能放开手脚，把事情做好。

3. 让部门忙起来

哪怕暂时没任务，也要给下属们找事做，让各部门都要忙起来。

比如，市场部的负责人可以在员工的“闲暇期”，安排他们做渠道、消费市场、竞争者等方面的调研，可以让他们提出产品开发、市场整改等方面的建议报告，还可以让他们跟着销售部的同事，去市场上感受前线市场更真实的气氛和环境。让客服部，可以不断搜集客户的要求和反馈，并做出总结等等。

在这样的安排中，我们还可以在时间上、在具体的工作内容上、在对工作过程及结果的检查上、在与薪酬挂钩的考核上，给员工提出相应的指标。

这样一来，各部门的员工都可以随时处在任务状态当中，并忙碌起来，这也可以提高他们的作战能力，让他们贡献自己所应尽的力量，实现更大的价值，同时，也是在解放管理者自己。

管理者职责表都记录了什么

管理者最重要的职责是什么？是做好指挥和统筹工作，要和员工形成良好的沟通，培养好员工在工作中出现问题时能及时汇报沟通的工作习惯，管理者需要通过个人的工作经验和阅历以及和上级的沟通，给出现问题的员工一个最好的解决问题的方法，直到处理好工作问题。

当然，上述是总述。正常情况下，不同层级的管理者，负责的工作也是不同的。换句话说，不同的管理级别，其职责也不同。

1. 按照基层、中层、高层来看管理者的职责

管理者主要分为三个层次（见图 1–7），每个层次的职责又各不相同。

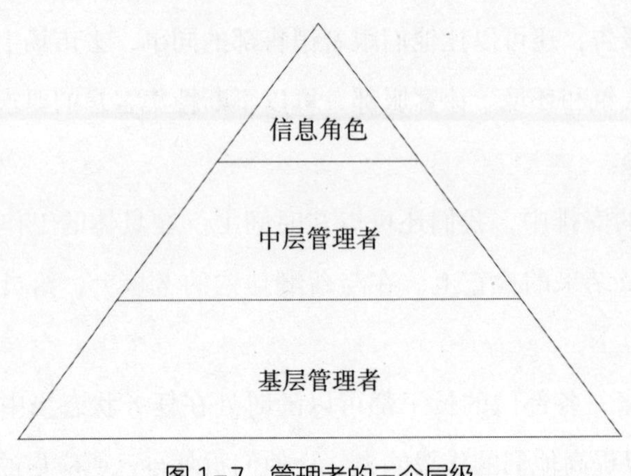

图 1–7　管理者的三个层级

（1）基层管理者

主要职责是直接指挥和监督现场作业人员，保证完成上级下达的各项计划和指令。他们主要关心的是具体任务的完成。

（2）中层管理者

中层管理者略为复杂，其位置颇为关键，在一个团队或者企业中，起到承上启下的作用。主要职责是正确领会高层的指示思路，创造性地结合本部门的工作实际，有效指挥各基层管理者开展工作。中层管理者注重的是日常管理事务。

（3）高层管理者

高层管理者管理职责比较庞大，但是却并不复杂。其主要对企业或者组织负全责，主要侧重于沟通组织与外部的联系和决定组织的大政方针。

2. 法约尔提出的五大管理者职责

管理学家法约尔提出了管理者的五大职责，分别是（见图 1–8）：

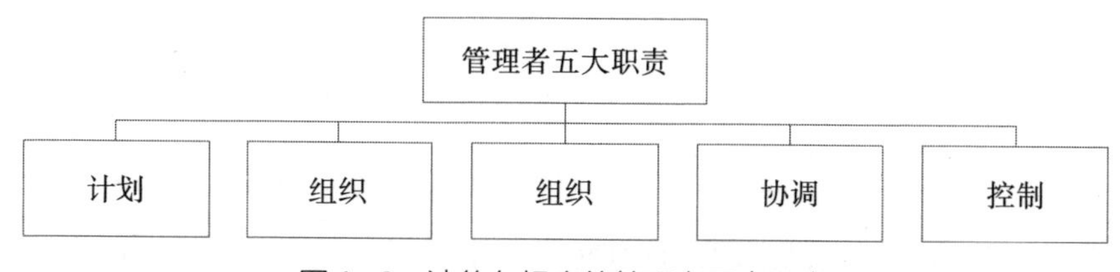

图 1–8　法约尔提出的管理者五大职责

下面我们对每一项职责进行相应的分析和讨论。

（1）计划

这是一个可预见的管理工作。对管理者来说，预见的目的就是制订行动计划。

这需要有以下几个因素：

①基础

这包括公司所有的资源，即公司的人、财、物、公共关系等。还包括正在进行的工作的性质，以及公司所有的活动和预料的未来的发展趋势。

②特点

好的计划对企业的经营管理非常有利，一个好的计划应该包括以下特点：

统一性：每个人物不仅要有总体的计划，还要有具体的计划；不仅要有前面的计划，还要有后续的计划。

连续性：计划不仅要有长期计划，还有短期计划。

灵活性：计划需要能及时应付意外事件的发生。

精确性：尽量让计划确保客观上具有操作可行性。

③相关

管理人员在制订计划时，要对企业的经营状况有一个全面整体的了解，还要有积极参与的观念，并且对企业每天、每季度、每年、每五年等的经营状况进行预测，企业内各个部门的负责人都要对自己部门的工作进行总结和预测，对自己部门的计划负责，根据时间的推移和情况的变化适当地改变以前的计划。

在这里，高层的管理人员需要负责制订计划，基层的管理人员主要负责执行计划。

（2）组织

任何组织主要分为物质组织和社会组织两大部分，而管理中的组织是社会组织，只负责企业的部门设置和各职位的安排以及人员的安排，有的企业，资源大体相同，但是如果它们的组织设计不同的话，其经营状况就会有很大的差异。

通常情况下，管理者的社会组织职责记录上都应该完成以下任务：

①注意行动计划是否经过深思熟虑地准备并坚决被执行了；

②留意社会组织与物质组织是否与企业的目标、资源与需要切合；

③配合行动，协调企业内部部门的力量；

④做出清楚、明确、准确的决策；

⑤有效地配备和安排人员；

⑥对所做的工作给予公平而合理的报酬；

⑦对过失与错误责任者实行相应的科学惩罚；

⑧让成员遵守并保持纪律；

⑨注意使个人利益服从企业利益；

⑩进行全面控制。

（3）指挥

接下来，管理者的职责表上就要出现指挥这个任务了。通过指挥的协调，能使企业员工中所有人做出最好的成绩，实现企业的最大利益。

法约尔认为，担任指挥工作的管理者应满足以下几点：

①对自己的员工要有深入了解

管理者至少要做到了解他的直接部下，明白对每个人可寄予什么期望，给予多大信任。

②淘汰没有工作能力的人

管理者是整体利益的裁决者与负责者，为了整体利益迫使他须及时地执行这项措施。职责已确定，管理者应该灵活地、勇敢地完成这项任务。当然，对被淘汰的人也要给予一定的关心和帮助。

③能够很好地协调企业与员工之间的关系

管理者在上下级之间起着沟通桥梁的作用，在员工面前，他要维护企业的利益；在企业面前，他要替员工着想。

④以身作则

每个管理者都有权利让别人服从自己，但如果各种服从只是出自怕受惩罚，那么企业工作可能就不会搞好。只有管理者做出榜样，才能说服员工。

⑤对组织进行定期检查

这就相当于要完善企业的组织机构。

⑥善于利用会议和报告

在会议上，管理者可以先提出一个计划，然后收集成员意见，再做出决定。这样做的效果更易于被大家接受，效果也会好很多。

⑦不在工作细节上耗费精力

作为一个企业管理者最忌讳在细节上耗费时间，这也是不称职管理者的严重缺点。但是，不在工作细节上耗费精力并不是说不注意细节。作为一个管理者应该事事都了解，工作组织得好，这样才能使管理者做到这一点。

⑧让员工保持团结

在部下的条件和能力允许的情况下，管理者可以交给员工尽可能多的工作。这样管理者可以发挥他们的首创精神，甚至管理者要不惜以他们犯错误为代价。

（4）协调

协调就是指企业的一切工作者要和谐地配合，以便于企业运行得以顺利进行，并且有利于企业取得更大效益。

协调要求管理者需要让事情和行动各自占有合适的比例，换句话说是方法要适应于目的。

在企业内，如果协调不好，就容易造成很多问题（见图 1–9）。

这样企业的发展就容易陷入困境，各个部门步调不一致，企业的计划就无法执行，只有它们步调都一致，各项工作才能有条不紊、有保障地进行。

有效协调的组织一般具有如下特征：

①每个部门的工作都与其他部门保持一致，这样才能让企业的所有工

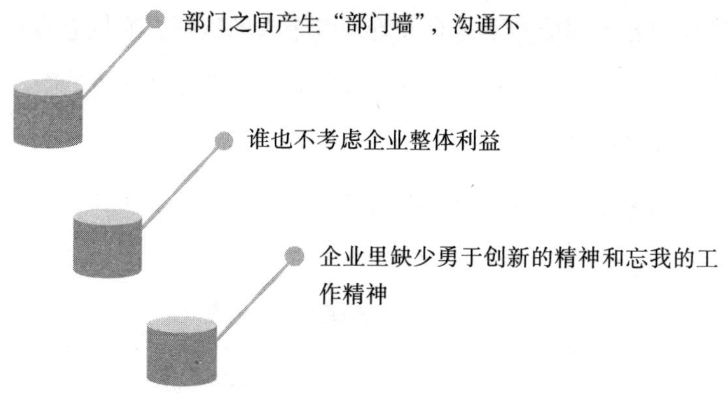

图 1-9　协调不当出现的问题

作都能有序地开展；

②各个部门要对自己的任务有清楚的了解，并且相互之间做好协调与协作；

③各部门的计划安排要时常随情况变动而调整；

④公开各部门之间的工作任务，形成透明制度。

（5）控制

法约尔认为，控制就是要证实企业的各项工作是否已经和计划相符，其目的在于指出公司员工工作中的缺点和错误，以便纠正并避免重犯。

对人可以控制，对活动也可以控制，只有控制好了才能更好地保证企业任务顺利完成，避免出现偏差。

从管理者的角度看，需要确保企业有计划地执行任务，而且要反复地确认修正控制，保证企业社会组织的完整。由于控制适合于任何不同的工作，所以控制的方法也有很多种，例如事中控制、事前控制、事后控制等。

管理的五大职能并不是企业管理者个人的责任，它同企业经营的其他五大活动一样，是一种分配于领导与整个组织成员之间的工作。

3. 管理者职责表

下面是某建筑工程项目部的管理人员职责（见表 1-1）。

表 1-1　管理人员职责表

姓名	职务	主要职责
	项目经理	①全面负责项目工程的质量、进度、安全和各项工作的完成； ②内外协调工作和经济成本核算； ③实施合同条款，为项目质量的第一责任人。
	项目经理助理工程师	①协助项目经理全面负责本项目工程质量、进度、安全和各项工作的完成； ②内外协调工作和经济成本核算； ③实施合同条款； ④负责本工程项目的技术质量工作，执行有关技术规范和标准； ⑤制定重大施工技术方案，解决施工中遇到的疑难技术问题； ⑥为项目质量直接责任人。
	质量员	①负责项目实施的质量检验工作，包括原材料质量抽检； ②为项目质量终检责任人； ③负责项目施工阶段的安全检查工作。
	技术员	①负责现场技术工作； ②合理调配劳动力、机械，确保节点工期的实现； ③制定具体的施工方案； ④进行工程施工原始资料收集、整理，负责预算的编制、工程结算、成本控制等。
	工长	①负责现场工程综合管理； ②按施工组织进行施工； ③进行工程施工原始资料收集和整理。

很多时候，你只需要签个字

现在的很多企业管理者的管理水平都不高，看上去事无巨细，面面俱到，其实却总是出现新问题。

例如，我接触过一个小企业的老板，这个公司一共只有6个人，这还包括经常跑外的两名业务员。但是这位管理者却习惯性地开会、发文件、制定规章制度，甚至还成立新的部门……

在我看来，这位管理者做的事情越来越烦琐，导致一个小企业患上了大企业的毛病。管理者在解决问题过程中又制造了新问题出来，新的问题还很严重，因为它降低了公司运营的效率，抑制了成员的创造性，更重要的是它并不能真正地提高企业整体工作水平和决策质量，可能连最初想达到的流程规范目的也会落空。

有时候，业务员拿到一份合同之后，找老板签字。可是老板做了些什么呢？老板把这份合同拿到手仔细研究，甚至标示出哪些是有质疑的内容。老板甚至还亲自给对方打电话确认信息。最终对方因为这位老板的“唠叨”而放弃合作，另投下家。业务员还等着签字，老板却因为自己管的事情太多而丢失了合作机会。

结论就是，这样的老板根本没有管理水平。

很多时候，管理者需要做的只是签个字，其他细节上的事务交由负责的员工去完成就好了。如果管理者把精力都放在这些事情上，迟早会把公司带到不可挽救的地步。

管理者只需要签个字是不是就代表其他任何事情都不需要管理者参与了呢？当然不是。

1. 明确关键点就可以了

管理者的管理想要做到由繁到简，首先要求管理者对业务的本质特点理解深入，对业务过程理解深入，其中最重要的一点就是知道关键点在哪里，这样才能管得准确。

打个比方，一个医生在检查病人时，好医生无须为其做多余的检查，因为检查是医生助理或者医学检查部门该做的事情。医生主要是看检查报告，通过报告中的关键数字和信息来确定病人患的什么病，然后决定该吃什么对症的药。

企业管理者也是一样，管得准确管理自然会简化。

管理者在拿到一个合同之后，任务不是要看合同里面的内容是不是哪一条有不妥，对于这个环节，作为一个合格的业务员应该会认真检查过，管理者需要关注的是最终合同签订的价格、数量、交货时间等，这些数据才是关键点。如果这些关键点没有失误的话，管理者只需要拿起笔，签个字就可以了。

金融大亨索罗斯、罗杰斯，互联网大佬比尔・盖茨、扎克伯格等，这些人就很擅长这种有序管理，他们管得最多的事情是数据。否则，我们也不会看到这些大佬经常游历在世界各地。

2. 让那些离市场、客户近的人做决定

管理者想要有序管理，去繁从简，做好关键管理，还有一点不可忽视，那就是应该把决策前移，让那些离市场、客户近的人做决定。

换句话说，管理者需要在管理职责上划分清楚，敢于放权，这要求整体组织的成熟——从战略目标、业务判断、评价系统到组织文化等各层面的成熟，这样才会让每一个层面都感到限制性的管理少，能动性的创造多，整个企业充满活力。

例如，企业里面的一个业务员，经常活跃在市场前线和客户打交道，那么很多决策建议就应该由业务员来拟定。决策建议可以包括如何制定产品价格，客户要求如何得到改善，客服服务如何更加完善，等等。如果这些内容，管理者亲力亲为，那么最终管理会“四不像”。因为管理者整天坐在办公室，不可能对市场有一个详细的了解，所以只能“纸上谈兵”，最终会让很多市场决策无法得到及时实施，从而错失很多良机。

据我了解很多管理者总是对在外面跑业务的员工极为不信任，就算业务员拿回了市场调查报告和市场决策报告，管理者也都对其一一挑毛病，甚至批改得完全不像一个客观的市场调查报告。业务员只好按照管理者批改的意见执行，最终市场报告毫无价值，企业的发展也没有上升，一直停留在原地，甚至还落后于其他同行。这种“纸上谈兵”的方式只会毁了团队。

此外，管理者想要有序管理，还有一个条件那就是确保企业基本管理系统的成熟。基本系统需要时间和实践来磨练，有了系统才能管得有序。

论助理的重要性

正所谓："三军易得，一将难求。"有序的管理离不开一个得力的助理。

很多管理者总是感叹自己忙不过来，压得喘不上气等。实际上是因为没有意识到助理的重要性。

如果有以下几个"症状"就说明你需要请助理了（见图 1-10）。

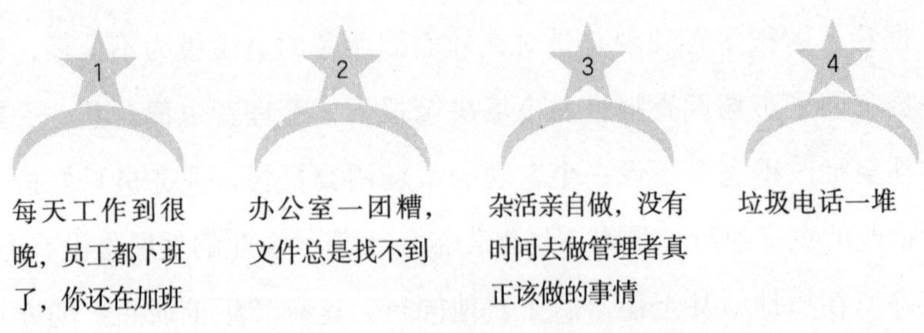

图 1-10　没有助理时的管理问题

实际上，如果这些"症状"你具备了三点，就基本可以肯定你必须要招个助理。

1. 助理的职责

通常情况下，助理是一个很"卑微"的角色，但是在真正优秀的管理者面前，助理却是一个非常重要的角色。

下面是一个优秀助理的工作职责：

（1）承上启下

在管理者领导下负责办公室的全面工作，努力作好管理者的助手，起到承上启下的作用。

（2）落实执行情况

在管理者领导下负责企业具体管理工作的布置、实施、检查、督促、落实执行情况。

（3）协助并监督

协助管理者做好各项管理并督促、检查落实贯彻执行情况。同时，协助管理者调查研究、了解公司经营管理情况，并提出处理意见或建议，供管理者做出决策。

（4）记录重要事项

做好管理者办公会议和其他会议的组织工作和会议记录。做好决议、决定等文件的起草、发布。

（5）归档

做好企业内外文件的发放、登记、传递、催办、立卷、归档工作，并负责保管、使用企业图章等。

（6）负责内外信息处理

负责企业内外的公文办理，如解决来信、来访事宜，及时处理、汇报等工作。

2. 助理的特点

上述是一个助理的职责，下面我们来看一下优秀助理的基本特点。

第一个特点，满足管理者工作所需的大部分场景。

意思是指管理者在想到某一个工作或者场景的时候，立马在脑海里想到助理。在这一点上，我们可以以品牌的联想度来举例——

例如，当消费者想喝鸡尾酒时他们会想起锐澳鸡尾酒，上火的时候就想起喝王老吉，这就是品牌的知名度。

如果一个助理非常出色，会“十八般武艺”，能够满足管理者各种日常的工作场景所需，那这个助理肯定在管理者心中有较高的分量和“知名度”。

第二个特点，工作做得漂亮。

这里指的就是管理者对助理工作的满意程度。有工作能力不一定有工作的好成绩，这是很多小助理的毛病。

例如，你有驾驶证会开车，但是开车技术很差，无法在管理者掌控的时间内到达目的地，那么这样的助理就无法获得满分。但是如果你会开车，而且技术还不错，不需要会漂移，但是稳定而又快速，这就是相对漂亮，这样的助理就是满分的。

第三个特点，忠诚度高。

助理的忠诚度十分重要，特别是在如今商场如战场的环境下，一个助理必须要高度忠诚于企业，这样的助理才能为管理者所用。而且这样的助理也会在工作时，把企业利益放在第一位。

3. 助理的能力

会解决问题的助理才是好助理。

例如我曾经有个朋友是做自媒体的，做得还不错。听他说之所以能够做大，是因为有一个得力干将，那就是他的助理小 A。

小 A 大学学的是传媒，可以说与自媒体有些联系。小 A 的思考力和判断力来源于大量的社会和生活实践，那都是用时间和经验锻炼出来的能力。通俗来说，这些都是情商和智商。

因为小 A 从来不会问一些多余的、无聊的问题，如果有了好的想法或者意见，他总是会认真地做一份简单的报告，在报告上有案例，有数据，清晰透明，内容简单明了，明确这些之后，管理者就会知道下一步该如何打算了。

还有一件事，也说明小 A 的情商和办事能力极强。

一次，老板让公司的一个同事——我们暂且叫小 B 吧，让他问合作方张总什么时候有时间来签合同。小 B 几分钟之后回来向老板报告说大约半个月之后张总可以过来签合同。这时候，老板又让小 A 去问，小 A 几分钟之后回来向老板报告说下周五张总可以过来签合同，而且他还向老板汇报，已经安排人给张总购买机票和订酒店……

不得不佩服小 A 的情商和智商，不但询问到了具体签合同的时间，还给张总购买了机票，这样不但确保张总不会反悔，而且还给张总带去了良好的服务。这样的助理，才是管理者更需要的。有了这样的助理，我的那位自媒体朋友管理公司也更加有序高效了。

这样的情商和智商给小 A 带去了很大的发展潜力，相信他以后也会是一个优秀的自媒体人。

4. 助理的本质

军事化管理中有一条核心准则用在企业管理中也非常适合，那就是一元化指挥原则。管理者的助理也需要贯彻这样的原则，换句话说，助理的本质是以管理者的指令为中心去落实执行。

管理者是一个公司的大脑，他的话一旦说出，作为助理就要去服从和执行。

执行的部分是管理者有序管理中必须要懂得取舍的关键地方。要分清哪些是该自己执行的，哪些是需要助理去执行的。很显然，关键决策由管理者决定，其他的决策由助理去执行，在这个过程中，助理会按照管理者的要求安排和下达任务，让团队其他成员一起联动起来工作，这样的管理才会更加高效。

2
第二章

思路：一个清晰的大脑对管理者有多重要

不同的管理模式遇到相同的工作问题，处理结果为什么会不同？原因在于思路。一个清晰的思路，可以帮你快速理清事务的来龙去脉，犹如顺藤摸瓜一样迅速解决问题；不清晰的思路会让你处理工作时，显得杂乱无序而且低效。这就是思路的意义。

成功管理者的思维模式是什么样的

想要有一个清晰的思路必须要有一个清晰的思维模式。

大脑是人体构造中最复杂的器官，每时每刻都在进行着思考活动。人们从来没有停止过对于自身大脑的探索和发现，通过科学家们的不断探索，人类对大脑的认识的构造以及工作、休息机制也有了很多值得探讨和学习的理论。而这些理论对每个工作者都有很大的帮助意义。管理者渴望自己拥有高效的管理法，甚至是高效的休息。所以，如果我们可以知道一个成功的管理者的思维模式是什么样的，就能够借鉴他们的方式，也能更好地指导自身的管理。

1. 眼光放长远是理清思路的基础

管理者的眼光决定了他的思维模式。凡事都向前看的思维模式会在大局上对管理方向有一个清晰的把握。优秀的管理者会花大量的时间预测挑战、判断大局、绘制蓝图，并将每个团队成员的独立工作联系到一起，然后统筹安排。

此外，我们还需要跳出理想状态，思考一切有可能出现的意外情况，做到未雨绸缪。

要树立大局观，管理者需要做好两件事情：

第一，清楚自己所管辖的部门，乃至整个企业的需求和目标。

这要求管理者充分了解团队运作时所处的环境，这能够帮助管理者更准确地预测公司未来的走势和发展。

第二，了解团队成员的能力。

了解了团队成员的能力之后，才能真正确认团队的整体能力。这样可以让管理者在团队遇到问题或者需要迈出步伐时，更加清楚自己的目标，也能根据具体的情况来设定预期的目标。

2. 高效提出问题—分析问题

高明的管理者在思维模式中都有一个清晰的逻辑思维。首先要对提问的流程非常熟悉，因为管理者明白，提问过程就是逼迫我们聚焦该问题，不断地做高强度的脑力思考，再加上写写画画，灵感就容易被激发出来。

管理者可以先把所有的问题写在纸上，然后再经由思考进行深入分析的阶段。

关于提问，管理者需要掌握以下几个关键流程，如图 2-1 所示。

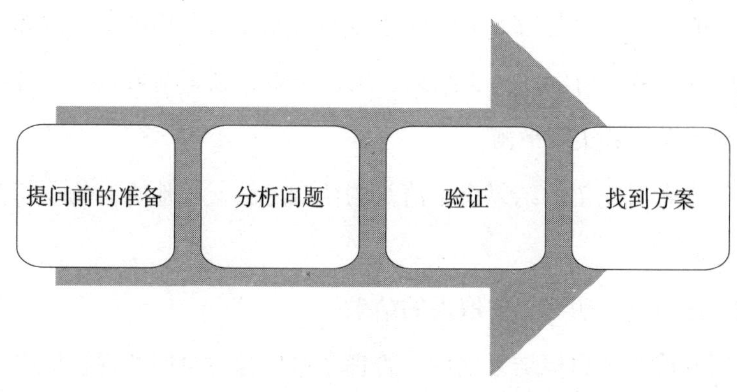

图 2-1 管理者对提问应该掌握的关键流程

提问前，需要做到：（1）对陌生事物，先进行基础调查，搜集基础信息，为后续提问做准备；（2）熟悉事物，直接提问，或者围绕事物的本质来提出问题；（3）根据对问题理解的程度决定先提问还是先调查。

找到问题之后，接下来就要分析问题。在分析问题时，离不开一个恒心耐心的过程，需要用笔记录一些信息，例如提炼关键词等，直至解决问题为止。对于分析结果，可以快速解决的，应立即予以解决；不能解决的问题需要再继续提问分析。然后还需要对问题进行验证分析，利用自身优势结合现实进行分析，最终找到解决问题的方案。

3. 以结果为导向，开始就要注重结果

做任何管理工作，管理者在最开始时，都要注重结果，这是管理工作中非常重要的一步，也是最重要的一个思维模式。

注重结果，会让管理者找到阻碍事物正常发展的障碍。其方法如下：

（1）首先要站在自己的团队中心位置，思考希望团队工作取得什么样的结果

这个问题强调的重点不是管理者必须要成为一个什么样的人，而是在明确应该取得的结果之后，员工的才能如何充分地发挥出来。例如一家销售公司的管理者，可以在员工结果、组织结果、顾客结果和投资者结果这四大关键结果领域实现平衡。

当管理者对期望的结果有了清楚的认知之后，其他所有的一切都能相互联系起来。

（2）通过自问明确想要取得的结果

在明确确立了目标结果之后，管理者可以通过自问“现在取得了什么样的结果”这个问题来识别不同结果之间的差距。

通用电气的杰克·韦尔奇以及英特尔公司的安迪·格鲁夫都是知名的管理者和企业家，他们在做事时，总是会信守这样一条准则：清晰地看世界，而不是妄加揣测。

杰克·韦尔奇曾经对产品检验方面做出了一系列的管理改革，他通过收集各种数据的技巧，并广泛地向现在和以前的员工、行业专家，甚至客户、股东、投资银行家、市场研究人员和技术领先者询问交流，最终一起探讨出更加客观和严密的检验方法。

再比如，一个管理者如果想要知道团队在某个项目上的进展或者期望，可以对现有的所有可用考核指标进行细致的分析，并且把分析结果与本公司一些最强竞争对手的分析情况进行客观的对比。这样就可以清晰地得到你想要的结果。

要对所希望和所期望的事情进行对比，管理者必须对组织或团队面临的现实有着彻底的了解。只有这样，一开始才会清楚哪些方面需要提高。

4. 明确地向员工阐述期望和目标

通过上述方式来确定了想要实现的结果之后，接下来就要明确地向员工阐述期望和目标。

很多员工总是向管理者抱怨自己不知道管理者对自己或者对公司有什么期望。长久下去，员工会失去斗志；同时员工也不知道事情的轻重缓急，很容易在工作的轨道上“跑偏”。

结果明确之后，管理者将先做什么后做什么有条不紊地列出来。这样团队成员的创造活力也就能充分发挥出来，还会去寻求实现期望结果的种种思路和方法。

管理者必须要保证团队内的每个成员都能彻底清楚他们所要执行的策

略，在运行层面，清楚组织要做什么不能做什么。当每个人都清楚组织与客户之间联系的机制时，手段和目标之间就会实现高度一致。

“不确定”会让管理者做出错误的选择

管理者往往会在不确定的情况下做出一些失误的决策。例如，管理者因为不确定自己的公司是不是需要打广告，于是为了节省资金，没有采取这个行动，导致公司失去竞争力。再比如，管理者不确定是不是要引进某种设备，于是引进了这种设备，导致资金耗费太大，而且设备生产出的产品并不能引发市场效应等等。

为什么不确定因素会让管理者做出错误决定呢？

德国的一家心理机构做过一项关于不确定性的研究。研究表明，不确定感会在一定程度上激活大脑中与焦虑和厌恶相关的功能中心，而这类担忧会导致人们下意识地做出某种决策。心理学家乔伊·费罗德说：“在不确定时刻，人们通常会处在一种无望的感觉下，然后在这种无望感之下会驱使人们做出相应的行动。”（见图 2–2）

在这项研究中还显示出，在不确定的环境下，有超过 70% 的人会错误地预测将有不幸发生。因此，这些建立在恐惧和焦虑之上的反应和决策事实上有可能是完全错误的。

根据这项研究，我们来假设一下，如果有一家公司因为市场竞争激烈而处于困难之中。管理者陷入了困局思维之中，长久下去很可能会过于悲

图 2-2　不确定性的负面决策来源

观，甚至不敢招聘新员工，也拿不定主意采购新产品或者引进新设备。

实际上，正是这些引进才能提高企业的市场竞争力，但是鉴于不确定性的因素，这个管理者不知道该如何决策。最终迟迟没有下决定，导致错过了最佳转型时机。

那么，作为管理者，如何才能抛除这种不确定性，让自己处在一个清醒的思路上呢？

1. 遵循“人才是唯一确定”的原则

企业在遇到困难或者不确定性的发展时，管理者通常是最迷茫的。这时候，管理者想要实现逆转，就必须要在思路上有一个不变的原则，那就是坚持“人才是唯一确定”的原则来做事。

未来的发展，不确定性与日俱增。但是可以确定的是，人才是最主要的因素。

我们以华为为例，华为的管理口号是“先学会管理世界，再学会管理公司”。因为世界的不确定性更大，机会更多。一个有未来的公司，会心怀梦想，瞄准未来。而未来社会是智慧社会，没有文化、创新是不能立足的。而文化和创新依靠什么？人才。因此华为从紧抓人才入手，尽可能使用更多的股权、报酬来留住人才。

任正非曾经在一次演讲说：“我们有俄罗斯数学家，他们更乐意做更长期、很有挑战的项目，并与我们勤奋的中国人结合起来；我们也有来自其他国家的科学家，这些科学家来自四面八方，有日本科学家的精细，法国数学家的浪漫，意大利科学家的忘我工作，英国、比利时科学家领导世界的能力……这会让我们胸有成竹地在未来达到一个更高的高度。”

因此，任正非主张华为的每个管理者都要用最优秀的人去培养更优秀的人。

面对未来的各种不确定因素，人才始终是确定的一个因素。任正非的危机意识，创新行动，包容政策和人才战略，成为面对不确定性，赢得战略成功的有力武器。

2. 管理不确定性

著名的管理学家陈春花针对“不确定”提出要科学地管理这种不确定性，具体要从四个方面出发，如图 2–3 所示。

（1）识别不确定

陈春花认为，在企业管理中，不确定性分为经营性不确定性和结构性不确定性，其中结构性不确定性具有改变产业格局的根本性影响，因此，识别结构性不确定性就显得尤为重要。

诺基亚为什么会消失？它曾经无限辉煌，坐拥世界 9 亿消费者，然而，诺基亚却在世界科技进步的不确定环境中迷失了自己。管理者没有认

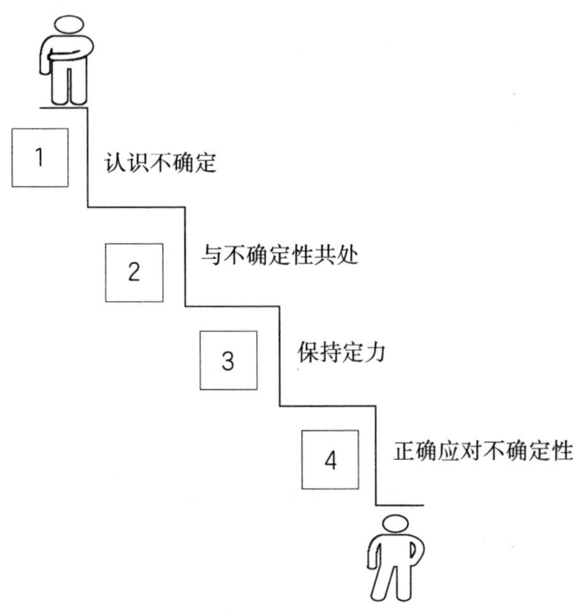

图 2-3　科学管理“不确定性”的流程

识到结构性不确定性问题，即触屏手机将要兴起。诺基亚始终认为自己的品牌消费群体基本是商务人士，他们对触屏类手机并不感兴趣，这种意识导致诺基亚直接忽视了社会大众对触屏手机的潜在需求，错过了抓住未来市场的机遇，随后，诺基亚便消逝在科技的洪流之中。

因此，当出现新生事物的时候，企业管理者要学会接纳它，并深入地分析它。这是具有清晰思路的前提表现。

（2）与不确定性共处

对于大多数企业和企业管理者来说，识别“不确定性”是件很难的事情，毕竟不是每个管理者都是马云、李彦宏、比尔·盖茨。但是普通管理者却可以和“不确定性因素”共处。

下面是陈春花提出的与不确定性共处的能力：

① 改变管理者自己的惯性思维模式，不怕犯错，敢于试错；

②在维持现有业务稳健经营的基础上，需要创造新的业务，以“双业务模式”，应对“不确定性”；

③不害怕出现问题，更要乐于从问题中找答案，并尝试打破组织内部平衡，激化企业应对“不确定性”的活力；

④回到客户端，切实关注客户需求，强化与客户的关联。

（3）保持定力

出现不确定性，其实也是对每个管理者的考验，这需要内心的定力来应对。而保有内心定力并非易事，需要有四种心态（见图 2-4）：

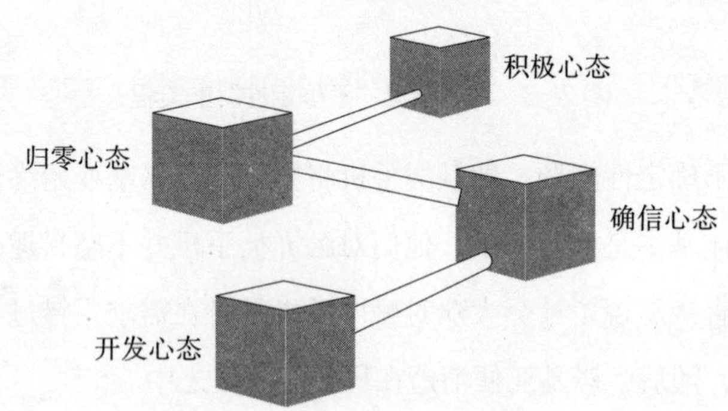

图 2-4　保持定力的四种心态

对此，陈春花曾经有一个亲身经历过的事情可以很好地解释这一点。有位学员向陈春花教授倾诉自己的孩子存在的问题。这个孩子向父母提出“学校的知识，在网络上都能学习得到”的观点，并且要以此为理由辍学。

陈春花没有从其他专业方面给这个学员支招，而是告诉学员向孩子传达“学校是社交平台，可以结交女朋友”这个观点。

当时很多学员都非常诧异，抱着试试的心态回去了。没过多久，学员又过来请教陈春花教授，说孩子虽然回到了学校，但是却有了早恋的情况。对于这一点，陈春花没有辩驳，反而问："孩子的成绩有提高吗？"学员表示肯定。陈春花笑了笑说："那就行了，孩子回到了学校，而且成绩也提高了，你的结果不是达到了吗？"

的确如此，在面对"不确定"情况时，任何一个人想要挣脱这种不确定，变得有主见有决策，就必须懂得学会包容、接纳变化，这是一种开放的心态。

（4）正面应对不确定性

管理者在面对不确定性扑面袭来时，必须要勇于正面面对，而不是选择逃避。例如对整个行业进行"不确定性"的形势判断，探索影响企业盈亏的点在哪里。当我们发现某个点是最大的不确定因素之后，就要理性地思考和分析。

而有些公司在面对不确定问题时，需要从一个点切入调查和分析，然后把整个问题彻底解决掉，随后实现转型或者采取收购等方式。总之，就是要激活整个团队的活性，将整个公司团队架构调整一下，落实好新的方式和策略，经过多个战略的转型、改革，这些不确定性就会得到改变，变成利于企业发展的确定性。

当然，这可能需要对企业的组织结构进行彻底的重组，甚至还需要用尽公司的所有资源来推动改革或者转型，但最终结果会是非常明晰和乐观的。

因此，当管理者在企业管理中遇到不确定性因素时，千万不要急着做决策，而是要用上述那种清晰的思路去思考和分析，然后再拿出有利的方案去执行。

管理者的“记忆”是怎么工作的

人类通常会对自己的记忆抱有幻想和难以自控的确信，特别是对管理者而言。实际上，记忆常常是不够准确的，甚至是扭曲的。这种盲目的自信经常出现在很多管理者的身上。

但这是不是就可以认定记忆是无法让人相信的？不，绝不是。在管理工作中，我们要有一个清晰的思路，就必须要用到记忆。用好我们的记忆，可以让你的管理工作事半功倍。

人类的记忆绝对是个奇迹之一。我们所有从外界吸收到的经验、知识都可以被存储在大脑中，并在一刹那可以本能地唤醒。管理者想要了解自己的记忆是如何工作的，就必须要从其背后的化学和生物学知识开始。

1. 管理者的记忆类型

人们的记忆是大脑从过去回忆信息的能力。这种能力，在管理者身上尤为重要，通常情况下，它主要分为三大类（见图 2-5）：

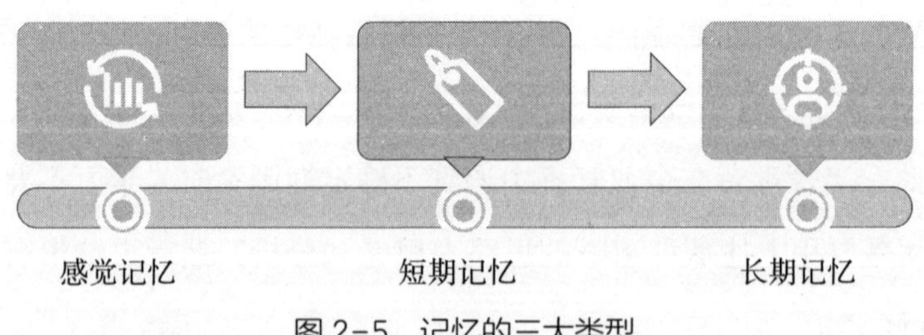

图 2-5　记忆的三大类型

记住这一点，这对我们的管理思路很有帮助。

在这之前，我们可以做一个小小的实验，打开电脑或者智能手机，随便点击一个工作文件。然后闭上眼睛，尝试记住上面的信息。能够回忆起这个文件的能力就是感觉记忆的能力。

接下来，我们根据这个文件对自己的重要性，决定它是否会被传递到短期记忆。例如，你是否记得读这篇文章之前的最后一件事？这就是短期记忆。就好像临时存储设备，其中不太重要的东西会随着时间的流逝而消失。但是在这个活动过程中，最重要的东西，往往会保留在长期记忆里面。

事实上，整个过程就是一个管理者对工作思考的过程。不要小看你的记忆。所有重要的东西都在长期记忆里面，而那些短期的记忆会帮助我们做一些短期的决定，最初的感觉记忆则会让我们对当前事物有一个初步的认识。

2. 记忆的三个工作阶段

了解了记忆类型之后，接下来我们就要进入正题，说一说管理者的记忆是如何工作的？想要让记忆有效工作，帮助我们理清工作思路，必须要知道记忆的三个阶段，这与管理工作息息相关。

那么，记忆是如何工作的呢？

科学家发现，记忆会随时间变化，它可以与我们的想象混合在一起。因此，在管理工作中，管理者需要把记忆的阶段清楚地分割开来，并且在这三个阶段中做好应该做的事情。

（1）编码阶段

这是一个什么样的阶段呢？打个比方，学计算机编程的应该明白编码转换——将计算机上的一些信息，如文本、图片和视频等转换为二进制语言。在管理工作中也是如此，环境信息需要被翻译，并存储为一个有意义的实体，这个实体可以被大脑理解。例如，管理者看到一份合同，首先就要把这份合同进行“编码”，即按照自己的理解方式去解读合同里面的重要信息。

（2）存储阶段

这个阶段非常好理解，就是存储的信息被保存下来。就好像是把信息保存到硬盘中。对管理者而言，就是将合同里的信息印刻在大脑中（通常是关键信息）。

（3）提取阶段

这是一个关键的阶段。如果我们要回忆起某个事物时，大脑就会把先前编码并存储的信息提取出来。这类似于取出二进制信息并将其转换为有意义的东西。例如，你需要对某个员工的工作进行考核时，你就能快速从该员工的信息档案和工作表中提取出有用的东西。对于这个阶段，也可以理解为针对阶段，也就是说做事要有针对性。

人类的感官不断被各种各样的信息轰炸，管理者更是如此，每天接触到的信息和摄入的信息如麻，如果思路上不清晰，就很容易产生混乱。这时候记忆就派上用场了，大脑让这些信号变得有意义起来。当记起某些东西时，大脑会重启与原始信息传递时相同的神经通路，然后管理者就可以通过记忆的方式来重温过去的经历，理清思路，调取有用的信息。

3. 管理记忆

我曾经阅读过日本经济学家宇都出雅巳的《高效工作记忆法》。这本书里面强调了对记忆的管理。作者毕业于东京大学经济系，他从大学的时候就开始学习速读记忆法，并把它运用在学习和考试上。很难想象，作者曾只用了一个月时间就考取了国际认证的国际金融理财师（CFP）。众所周知，CFP 非常难考而且十分复杂，仅需要考试的科目就有七大类，并且涉及一百多个子课题，有财务、投资、会计、保险等基本原理，以及政策法规和市场规划，涉及的内容非常广，难度颇大。

作者之所以能在那么短时间内考取该认证，就是因为他有非常强的记忆管理能力。这种能力是管理者同样需要的。

在这里，我们研究一下，宇都出雅巳提出的两个关于记忆管理的方法。这两个方法对管理者理清思路是最有帮助的。

（1）自我管理是记忆管理的首要条件

做管理工作其实说到底是为自己负责。因此，管理者必须要面对自己并且了解自己。人的记忆力差并不是天生的，而是自己没有管理好。其实，对管理者而言，为什么你在管理事务时，总是忘记这，忘记那，最后做了很多无用功。说到底是记忆管理不到位，导致思路错乱，因而就浪费了很多时间。

好的记忆是一个不断重复的过程，当然，这个重复工作不是无厘头或者漫无目的的重复。

这要求管理者需要做任何一件重要的事情时，都应该养成强制回忆的习惯，也可以叫作自我管理。马云就是这样的一个管理者。对于阿里巴巴集团而言，有很多分支信息，然而，你问马云任何一个分支上面的信息，他都能快速回答和解释。这是因为马云的记忆被不断地管理和刷新，有需要时，自然在思路上比较灵敏和清晰，也就能快速调动记忆中的关联部分。

（2）把一件事立体化记录

首先，我们来举个简单的例子，比如你有一件事需要记下来，手上却没有笔，导致无法记录。这时候，怎么办呢？你可以把这件事和自己所熟悉的画面相结合。例如，你开的汽车、你的随身物品、你喜欢的明星等等，然后把你需要记住的内容，分成很简单的几个字放在画面的上下左右，以帮助记忆。看到那几个字的时候，熟悉的画面就会让你想到具体的事情。管理工作也可以这样进行，这样至少思路不会被打乱，而且还能快速记忆很多重要的管理线索。

记忆就像是一个电脑搜索引擎，当你需要什么的时候，立刻会分门别类，有条不紊地按照思路来寻找急需要的信息，帮助你解决管理上的问题，从而提升管理效率。

一次只问一个问题

俗话说："种瓜得瓜种豆得豆"。在管理这项工程中，也有一个同样说得通的道理，那就是问什么问题，就会得到什么结果。

这一点听起来很简单，但实际上很多管理者操作起来却并不顺利。我听过太多的管理者向我抱怨："明明我想要的是一，可得到的却是三。"

这是因为管理者在提出问题时，思路不清晰，问题过于宽泛，最后就只能得到模糊的结果。

在思路不清晰的情况下，管理者问问题，通常都是一连抛出几个问题。如果你是员工，你会怎么解答呢？

我曾经接触过一个女孩，她在一家新创业公司工作了两年之后，最终忍无可忍离职了。本来只要工作三年，就可以成为公司股东，别人对此都觉得可惜。

女孩告诉我她的老板是个什么样的人之后，我非常支持她的决定。

那是一家刚创业的年轻公司，老板也非常年轻。女孩负责的工作是贸易对接，对接方为海外客户。

按道理来说，女孩的工作职责很清晰，只需要把接手的订单整理好，并且做好客户归类，有需要时，把订单和客户资料提交给老板，如果老板事前有什么问题，可以提前对女孩说。但是每次，老板都会不断出难题。例如：

“美国那家公司，跟进的如何？”

“客户发来订单了吗？”

“客户有什么要求？”

“有没有特殊的条件？”

……

实际上，这些问题都在女孩提交的客户资料中有所体现，只要经过仔细翻阅，就能知道答案；而且老板又总是在下班时向这个员工抛出问题。看来，这个老板并不懂得管理工作。如果在会议上提出这些问题再正常不过了，但如果是下班时间，就会让员工很反感，毕竟每个问题的解答都要耗费不少时间，更何况这些提问中还夹杂着逻辑混乱呢。

那么该如何提问？

1. 一次只问一个问题

很多管理者总是习惯性地一次问好几个问题，就如同上述女孩的老板那样。这样导致的结果如图 2-6 所示。

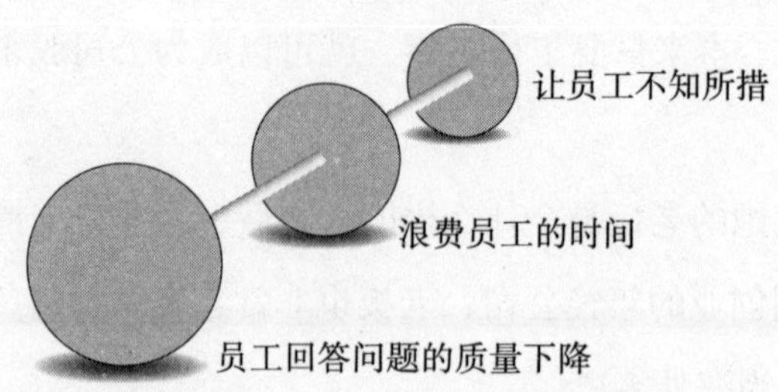

图 2-6　管理者一次提出多个问题的结果

因此，最佳的沟通方式是在提出下一个问题之前，要先等对方回答了前一个问题。当然，一个优秀的管理者会把三个问题变为一个问题，也可能变为没问题。太多管理者习惯了一个接一个地提出问题，这样做只是想把发言权牢牢地掌控在自己手中。

站在员工角度思考问题的话，管理者就会明白，员工对一连串的提问会直接产生抵触情绪，员工甚至会有被质问、被审问的感觉。这从一定角度也说明提问题的人，内心非常想控制整体谈话的节奏，而不仅想了解事情的事实情况。

管理者在提问时想要理清思路，首先就要意识到自己不是在审问对方。所以除了倾听对方的回答之外，你还要注意自己提问时的语调、语速，同时也应该随时准备接受员工的提问。

一次只问一个问题，并不是说，把原本该有的问题藏起来不问，而是需要管理者学会整理和总结。

2. 问有效的问题

管理是一项充满智慧的工作，提出问题更是一个具有艺术性的沟通手段。好的管理者提出的问题不多，但是却非常有效。因此，管理者问问题不在数量多，而在于有效。

有效的问题不一定是有答案的问题，而是指那些既可以达到目的，又可以在对话双方之间建立积极关系的问题，而且通过这类问题所获得的信息远比其他问题更加丰富。

例如下面这两个问题（见图 2-7）：

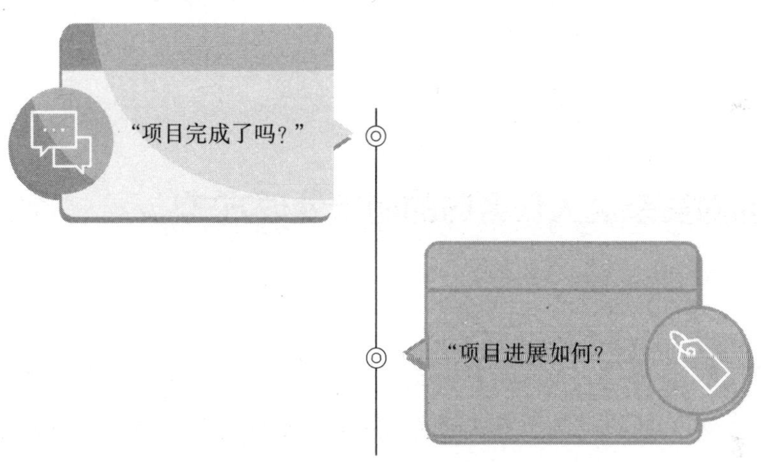

图 2-7 AB 两个问题对比

这两个问题，主题一样但得到的答案却完全不同。很明显 B 的提问更加有效，也更有助于员工积极回答。同时，提出有效的问题更加让管理者的思路得到开放和梳理，让管理者更清楚事情的发展状态，也能在大脑中进一步理清路径，为接下来的管理提供稳定的基础。

3. 给对方思考时间也是给自己思考时间

很多管理者在提出问题之后，总是期待员工快速回应，马上给出答案，甚至无法容忍对方有稍许的迟疑。

事实上，这样的做法很不科学。如果你的问题足够好，员工是需要一定时间思考才能回答的，这样的回答也才是高质量的。

所以，当你提出问题之后，内心要暂时放下对得到答案的迫切感，允许员工进行思考，这其实也是给自己一个思考的时间。尤其是面对开放性的问题，问题越好，可能引发思考的时间就会越长。管理者和员工都可以借助这个时间来进行思考，这同样是一个思路逐渐清晰化的过程，也有助于接下来的高效探讨。

面对复杂庞大任务时的简单处理方式

管理者在遇到一些复杂且庞大的任务时，会怎么做呢？很多人总是手忙脚乱，不知所措，甚至有些管理者不知该从何做起。导致这种情况发生的根本原因还是由于管理者没有一个清晰的思路。

聪明的管理者在遇到这种事情时，会从整体局面出发，以简单的方式来处理。下面是具体的方法：

1. 找出每项工作所包含的具体内容

大多数的管理工作都包含不同的内容，因此，管理者在进行统筹安排时，不能只以工作的性质和变化为依据，还应该以工作所包含的具体内容为执行寻找最简单、快捷、有效的路径。

具体的方法是找出执行工作中应该完成的具体项目。找出之后，若有必要，还应该继续理清其执行思路，这样做既可以保障自己的管理效率，还能保证整个团队的执行效率，同时也能够让管理者真正认清楚工作的性质与所委派的人选是否匹配。

其中，工作分析是工作的重点。工作分析就是分析某一类或某一项工作的性质和类型。然后才能考虑这个工作适合什么类型的员工来承担，相关事宜直接关系到以后人员的选择和工作的进度（见图 2-8）。

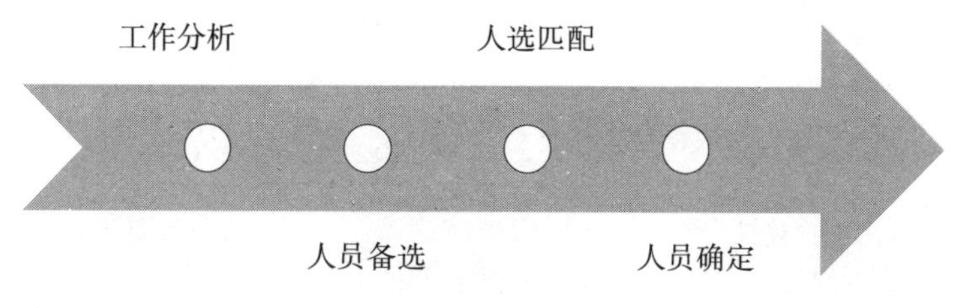

图 2-8　工作分析

接下来是对工作内容的划分，即将一项工作执行过程中具体会包含哪些执行内容找出来，或者以时间顺序串联，或者以类别方式分类，或者以执行方式的差异分总。无论采用哪种方式，目的都是达到执行力的提升。

通常，工作内容都是以时间顺序来呈现，因为工作执行大多数是流程性的。

日本索尼公司有这样一个不成文的规定：流程决定效率，流程影响效益。

想要保证任务执行的高效运转，必须要事先明确工作中的具体内容，避免出现执行卡顿、停滞，以及执行人员相互推诿的现象。

在这里，有一个非常有效的方式，那就是按照工作模式流程划清员工具体任务。

管理者面临多重任务时，需要制定出一个明确的流程目标，具体就是为下属明确执行的方向、结果，以及需要达到的标准，并将执行中的关键项和节点指出来，让执行更加顺畅。

当然，作为管理者不可能事无巨细地为下级指示清楚，但可以以一种框架式流程方法为其划清具体任务，如图 2-9 所示。

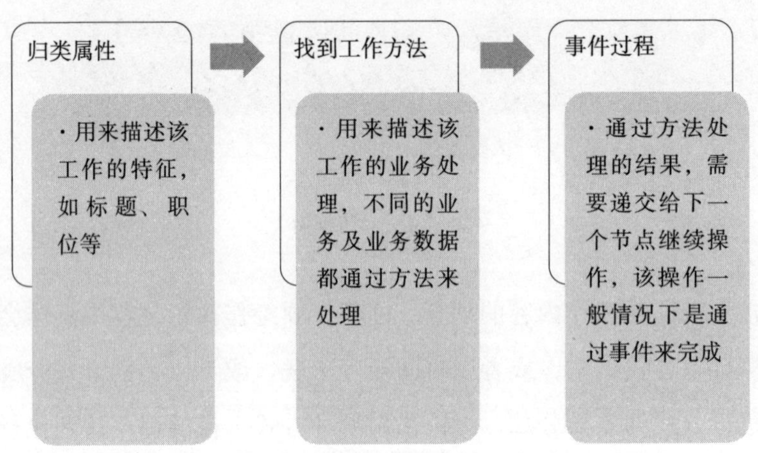

图 2-9　划清具体任务的流程

此外，还可以利用下面表格（见表 2-1）落实流程和责任人：

表 2-1　流程落实表

序号	内容标题	执行人姓名	执行人职位	执行人权限	执行方法	其他
01						
02						
03						
04						

2. 金字塔目标法则

在讲述这一方法之前，先来讲一个非常知名的故事：

在 1984 年的东京国际马拉松邀请赛上，获得冠军的选手是一名籍籍无名的日本运动员山田本一。人们都好奇他赢得比赛靠什么？山田本一在自己的传记中这样告诉世人："我在每次比赛之前，都要提前骑车把比赛线路仔细查看一遍，并把沿途比较醒目的标志画下来。比如一座教堂、一家红色房顶的医院、一家邮局、一所蓝色墙体的学校……这样一直画到赛程终点。比赛开始后，我就专注于跑到第一个目标，到达后再奔向第二个目标。42.195 公里的赛程，被我分解成若干个小目标，我的心理就轻松了很多。"

其实总结起来，他的方法就是将复杂的大目标拆分成若干个小目标。

一个大的目标总给人很遥远的感觉，因为目标太远大，就显得很复杂，执行起来心理上会很疲惫，或者因为长期努力仍未达成而气馁。因此，管理者在遇到一些大的目标或者复杂的任务时，都可以用这种方式，将一个大目标合理地分解为若干个小目标，落实到具体的每一个"单细胞任务"上，执行也会取得意想不到的效果。

只要实现了每一个短期目标，就等于实现了中期目标；实现每一个中期目标，就等于实现了长期目标。大目标统率小目标，小目标牵制大目标；大目标是实现小目标的动力，而小目标是实现大目标的阶梯。

将大目标划分为小目标的方法就是“金字塔目标法则”（见图2-10）。

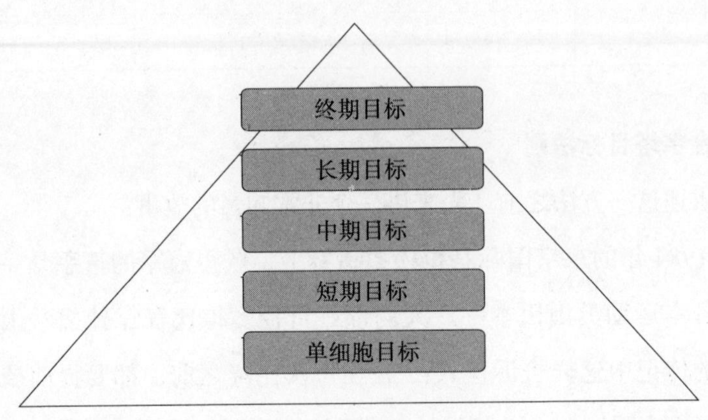

图2-10　金字塔目标法则

对于大目标的拆分，“金字塔目标法则”已经表示得很清楚：越往下层，目标越细碎，数量越多，形成了“金字塔”的底部；越往上层，目标越趋近整体，数量越少，直至聚合成一个终极目标，形成“金字塔”的尖端。

在实现目标的过程中，若能一步一步地自下而上实现各层目标，实现最终的大目标是必然的；反之，想要越级实现，甚至一步登天，就会让实现的过程变得十分困难，失败的风险很大。

3. 将每一个任务都写下来并标注

管理者需要对一个复杂的任务进行目标分解，使具体目标可视化，以便让员工时刻感受到目标的催动力，并努力去执行。

我们以联想的销售部门实现目标的过程为例，看看应该怎么做？

在联想公司做销售，要先找准客户，再充分调查客户信息，然后将项目涉及的客户信息、竞争对手的策略、自己的优势和劣势都写在一块白板上，目的是拟定一个详尽的行动方案。

随后，员工可以各自行动，去完成自己的任务，按照图 2-11 流程所示，促使联想员工的执行效率得到提高，企业的销售业绩稳定增长。

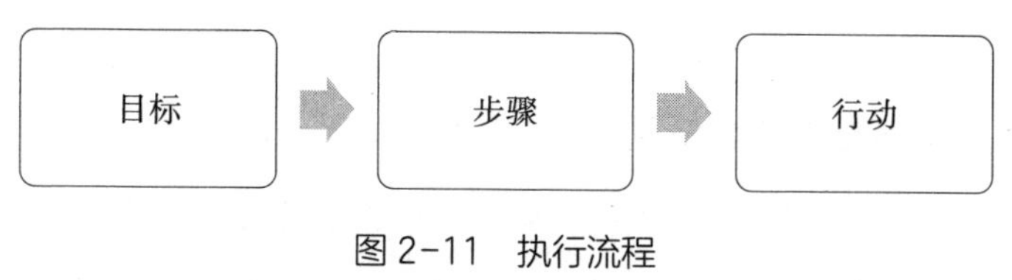

图 2-11　执行流程

联想的这种做法很值得推崇，因为很多员工在工作中无法实现目标的原因，不是因为没有信心，也不是因为方法不正确，而是因为目标太过复杂或者庞大，不能给员工执行的行动指引和建议，导致执行结果与目标迥异。

在管理者身上采用这种方法也是适合的。例如，管理者需要认识更多的人脉资源，这是一个非常复杂且庞大的目标。但是如果可以理清思路，就能快速实现。首先给自己定一个目标：认识更多人脉，增加影响力。然后具体细化目标，例如，每周和一位职业经理人交谈，每月参加一次行业沙龙。他的目标由笼统，变成了具体和详实；从随意的凭空设想，变成了切实的落笔要求。

摆脱重复管理的秘诀在哪里

在管理工作中，保持思路清晰尤为重要。大量的事实告诉我们：让自己的思路保持清晰，比一个人的能力更重要。思路清晰可以做到创新管理，也可以做到发散思维。一个思路混乱的管理者，在管理上必然会出现重复性。

1. 重复管理出现的主要原因

为什么很多管理者在管理工作中出现重复管理。例如我接触过一位管理者，每天就盯着设计部，每天找设计部员工要图稿，一遍一遍地修改和提出意见。很多时候，管理者提出的意见在三天前已经提过，员工也改了，但是管理者还是一味地提出意见。为什么会这样？因为客户不断反馈，但是客户反馈的问题不仅仅是设计部的问题，而是整个团队的问题。只抓设计部，其他的产品部、业务部、营销部、客服部都变得懈怠了，这对整个公司的发展根本没有益处。

所以，管理者不搞清楚思路和逻辑，是难以摆脱重复管理的。

当然，这只是一部分，还有很多原因导致管理者的管理重复无序。下面是几个常见的原因：

（1）部门职责不清

很多时候，企业内部经常会出现职责不清的现象。由于制度、管理等方面的原因，造成某项工作好像归两个部门管，但是却因为职责不清而出现纠缠不休的局面。管理者更是无法有序管理，每天都在重复一件事，那就是对两个部门不断重复要追求效率，最后两个部门都没有抓紧去落实。

（2）管理者管理能力低下

如果管理者的素质非常低，或者能力不足时，也会造成重复管理。例如，当公司出现部门和人员变更时，工作交接不力，协作不到位，原来形成的工作流程经常被推翻，这时候管理者却没有体现出严密的逻辑能力，而是对之前的工作人员和之后的工作人员都进行无序的管理，而且管理时，既没有流程也没有标准，每天就是去到两个部门“串门”，然后发表一通“废话”。试问，这样的管理，有哪个员工会服从？

一个高效的管理者应该是一个规范化的高手，能把复杂无序的工作标准化、规范化、简单化，从而使普通员工可以完成原本无法完成的工作。

（3）管理有章不循

有些管理者自以为是，觉得自己的管理方法很有效，于是完全忽视公司的制度化管理，这样造成一些无端的无序。可见随心所欲的管理，其影响是非常恶劣的，还会在很大程度上影响员工的积极性和创造性，影响部门的整体工作效率和质量。

（4）管理者没有记录管理的习惯

管理者的管理虽然是统筹全局的，但是也应该有一个管理记录。例如，今天管理者的事务是什么，主要负责哪块，明天的任务又是什么。这样根据记录可以详细地了解管理者的管理事务。如果没有这个管理记录，很可能就会造成管理重复、浪费时间的情况出现。

这些情况出现的频次多了，就会造成企业的管理混乱。所以，管理者首先就应该分析造成无序的原因，努力抓住主要矛盾，思考在这种无序的状态中，如何通过有效的方法，使重复管理变为有序管理，从而整合资源，发挥出最大的管理效率。

2. 使用管理列表来记录每天的管理开销

习惯使用电脑工作的人都清楚一件事情：当电脑中突然出现一个耗费内存的线程，将 CPU 占用率提高到 100%，这时候电脑开始死机……

遇到这种情况，我们挽救的方法是什么呢？是采用“Reset”按键。

然而，在管理工作中出现一个耗费内存的线程时，我们却无法设计出一个“Reset”按键。

那么我们该怎么办呢？管理者必须要防止这种情况发生，即：使用管理列表来记录每天的管理开销，具体方式可使用以下 6 种方法。

（1）选择一个最适合的管理列表工具

根据需要及个人习惯，选择最得心应手的记录工具，如下：

①纸质记事本：最原始、最方便的工具，它们也是一种记录管理事务的基础方式；

②免费记录软件：将免费记录软件（3M Post-it Notes Lite、备忘录等）下载到笔记本电脑、智能手机中，随时记录时间开销；

③电子笔：用电子笔“Logitech io”来录入笔记本等纸面上书写的文字。

（2）管理列表要符合自己的使用习惯

首先，管理者需要清楚这个列表的目标对象是自己，因此，这个列表不需要太过工整，只要自己能看懂就可以。

管理者需要熟练地运用各种符号，比如缩写、箭头、线条、对号、叉号以及各种各样的符号……以最简便的方式来记录。

（3）随手可及的列表和列表工具

做列表时，可以使用铅笔、圆珠笔、钢笔或签字笔等，也可以使用任何一个本子上的某一页纸、或者专门的便签本，又或者在白板上写下来……但无论如何，那个列表一定是随手可及的。

如果一天都在办公室，那么，管理者可以在办公桌上贴便签条，或将列表放在抬头可见的白板上。

如果一天要做的工作几乎都在电脑上完成，那么，最好选择在电脑屏幕上做好便签标注。如果在外面工作，则可以选择记录在随身携带的小本上。

（4）确定最重要的任务

判断一件事情是否重要的标准只有一个——是否对目标的实现有益。那么，如何判断一个管理任务是否紧急呢？只需将自认为紧急的任务延迟一段时间再处理，就会明白有哪些任务实际上并没有那么紧急，也会更加明确真正对目标实现有帮助的、最重要的任务到底是哪些。

（5）制作下一阶段的任务列表

除非万不得已，管理者通常不会在任务完成之前中途更改列表中的项目。对于新的任务管理者可以启用下一阶段的任务列表，将新想法记录下来，然后马上回到当前的任务列表前，专注于当前应该完成的任务。如此，在当前的任务完成后，下一阶段的任务列表上已经有相当数量的、具体的待处理项目。

（6）给管理任务制定核对列表

在任务列表中的每一个项目实施完毕后，管理者应该用事先制定的检查列表来确认当前任务是否如期完成。

3. 把握管理工作中的关键点

有些管理事务看上去很复杂，有的管理者花了几天也没有做完，来来回回重复管理，导致管理效率越来越低下，而有些管理者却很快就能处理好。为什么？

原因在于前者没有掌握管理流程中的关键，后者完全按照管理流程进行管理，并在这个过程中把握住各个关键环节，自然可以快速实现管理，提高管理效率。

在这里，有两个方面需要重点把握：

（1）正向梳理管理任务

对那些已设计完成的管理任务进行一次全面的正向梳理，以管理者的视角来预估实现过程中各个环节衔接的流畅度，或选择合适的思维工具分析各环节之间的联系，并预测可能产生的收益。

（2）逆向发现新的管理任务

最利于发挥创造力的流程优化方法就是选择用逆向思维方法，挑出管理流程中的缺陷。管理者可以用“找茬”的方式对自己严格要求，找出管理中那些重复的关键点，然后能省则省，做减法和合并，最终把握住管理流程中的核心关键点。

3
第三章
组织：管理无非是人和资源的事情

彼得·德鲁克说："管理无非就是人和资源的事情。"管理者只要搞清楚人才和资源两大方面的事情就可以做到有组织、科学的管理。很多管理者总是忽视了人才的重要性，或者忽视了资源的重要性，只抓一头，这样的管理难免会让公司出现不平衡的现象。

搞清楚人手和人才的区别

在企业和团队管理中，人才管理非常重要，可以说人才管理是管理者有序组织的一个重要体现。首先，管理者必须要清楚一点，那就是人手和人才的区别。

人手，即管理者安排什么他就会做什么，不安排的工作绝对不做，而且这种人往往不会以公司和团队利益为重，总是以个人利益为首要，然后听从安排，犹如一个会呼吸的机器。

人才，重点在一个"才"字上面。这种人每天会发自内心为团队做事，而且有责任、有思路、有条理，知道团队乃至整个公司的事做好了，受益的是大家和自己。同时，这种人具有一定的才能，可以担当重任，独当一面，是真心为团队操心的人（见图 3–1）。

身为管理者应该知道，同样一件事交给不同的人会带来不同的结果，也就是绩效。影响绩效的重要因素不是工作标准，不是奖励机制，而是人的素质差异。管理者必须要懂得有序组织，明确人员和岗位是否匹配，用什么样的人才能满足团队的需要。

一个团队乃至一个企业的资源是有限的，而人力资源和其他职能性资

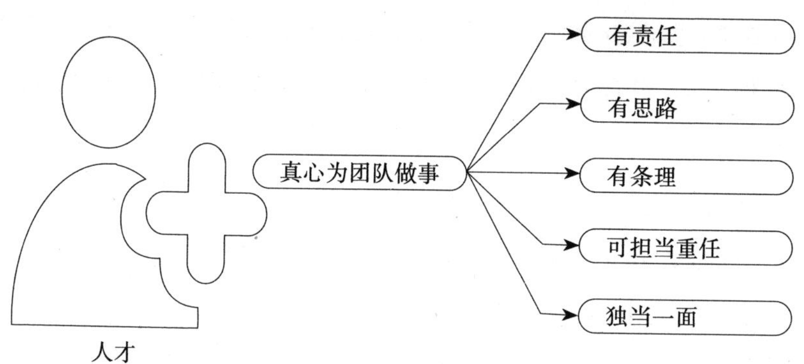

图 3-1　人才的要点

源有着根本性的差异，最大的差异就是它是附着在其他资源上，也就是说没有其他资源就没有人力资源。同样的，没有好的人力资源，再好的资源也会被贻误或浪费。

举个例子，我有一个在深圳创业的朋友，他特别善于组织人才。比如他会选择一个优秀的人员去盘活公司资金，这样公司的绩效就会实现增值。他深谙如果资金、资源、人才不到位，就会出现资金资源的下滑。所以人力资源是附着在其他资源上，是实现绩效增减的一个重要因素。这三者并非平等关系，是附着关系，在附着基础上实现了盘活一切资源的特点。

1. 为什么你的身边都是人手，却留不住一个人才

为什么身为管理者你的身边没有好的人才？

第一，因为你没有给员工带去使命感。

一个优秀的管理者，一定要真心相信自己的公司或者团队承载着文化使命。

在20世纪80年代，福特公司的使命是让美国人人买得起一辆车，能够看美国的景色有多么美好。所以，使命感可以让员工感受到美好，感受到激励。

第二，你没有给员工带去释放感。

Facebook这家公司为什么会人才济济，不断创新呢？因为扎克伯格这个管理者懂得用释放感留住人才。

Facebook希望通过分享，让世界更为开放、更为紧密连接。因此，在Facebook的办公区域，我们看到的是扎克伯格给员工营造出的释放感，例如公司内部有一块完全开放的区域，里面有咖啡厅，有游乐厅，大家可以留言，把每一个人都联结在一起。这样的释放感不但代表着这家年轻的公司充满活力，也体现着管理者的宽大胸怀。这样的做法如何能不留住人才呢？

第三，你没有给员工带去主角光环。

很多管理者总是以一副高高在上的“老大”姿态来对待员工。这样一来，你手下的员工如何能够自主工作呢？这样的组织显然很愚蠢。实际上，如果你懂得给员工带去主角光环，他一定会主动为公司和团队付出。

例如全球知名的Airbnb公司。知名投资人李开复曾经带着自己的团队参观Airbnb公司，当他们到达时，该公司走出了4位“导游”为他的团队讲解。

为什么会有4位导游？难道Airbnb公司雇用了导游？不，不是这样的。

这些人都是Airbnb公司的员工，他们看到参观者便自觉地站出来为他们做向导。而为什么是4名导游呢？因为Airbnb公司的员工知道如果只有一位导游，参观团队后面的人可能听不清楚。他们重视每一个人的体验。他们为李开复的团队介绍了公司上市的途径、融资困难，以及创始人艰苦创业的故事。

李开复从他们的眼中看到了员工对公司及公司文化的认可，还有员工发自内心的主人翁心态。当他们介绍自己的产品时，还希望每一个访客留下宝贵意见，一定要让他们知道哪里做得好、哪里做得不好。所以 Airbnb 公司每年有一万个访客前来，每一位访客都成了他们的粉丝。

显然这些员工都是 Airbnb 公司的人才，他们完全具备了主人翁心态，他们会把自己的利益和公司的利益捆绑在一起，全心全意为公司做事。而这样的组织管理也是每个管理者应该学习的。

2. 把放权和股份激励放在组织人才的首位

作为企业的管理者，如何组织人才是头等大事。我建议管理者，想要有序组织，留住人才而不是人手，就必须要把放权和股份激励放在首位。

管理者需要把 80%~90% 的时间都放在三件事上（见图 3-2）：

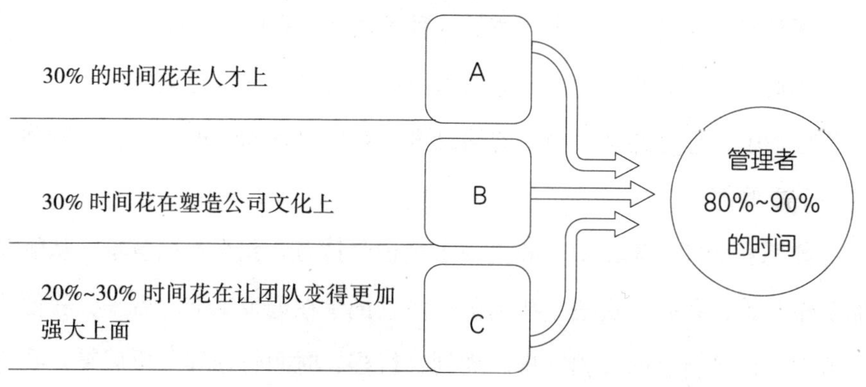

图 3-2　管理者需要把 80%~90% 的时间都放在三件事上

在硅谷有一种说法，那就是一旦你的企业遇到了问题，而且你手里没有太多资金和资源，这时候你必须要把这些有限的资源交到企业中10%乃至5%的人才手中，让他们去拯救公司。

当然，这需要你很清楚这部分人才是谁。并且要对他们具有很大程度的信任和认可，这就是放权。

一个伟大的管理者必须要清楚对企业有利的发展是什么，并找到可以扭转乾坤的人才，给予股份和权利，这样企业才会越来越强大。

把大脑的信息外移到记事本上

人类的大脑储存了大量信息和资源。如果我们仅凭大脑的记忆来管理工作，每日让大脑疲惫不堪，昏昏沉沉，实际上工作效率并不高。

无论是员工还是管理者，遵循这种方法并不高明。

因此，我主张将大脑的信息有效外移到外部，或者是记事本上，或者是备忘录中，总之能将大脑中的信息进行有序整理和管理，这也是管理中的一个重要部分。

熟悉我的朋友都知道，我是一个笔记坚持者。我喜欢记事本。从刚参加工作开始，我就喜欢把一些笔记、信息记录在记事本上。后来，我便用记事本来记录自己的日程安排、规划、行程、时间管理等。再后来，我将这种纸质工具换作了数码记事本。但是本质是一样的。

通过这种方法，我能够有条不紊地在外部建立一个“外部大脑”，将杂乱的信息、安排、规划，有条不紊地整理好并储存，需要的时候再拿出

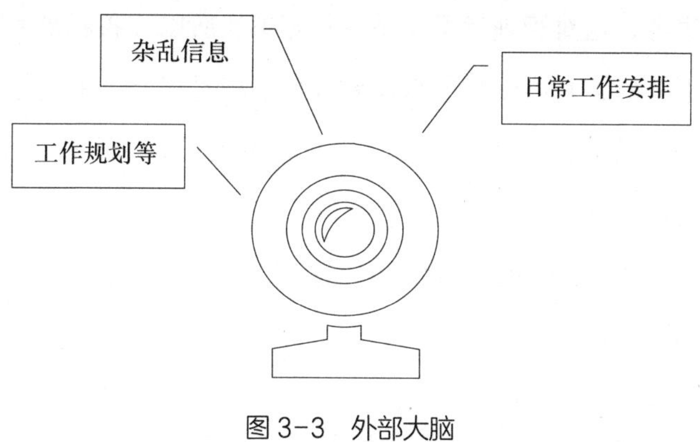

图 3-3　外部大脑

来用（见图 3–3）。

这种“外部大脑”能够帮助我在工作中解决很多问题。因此，我建议管理者都应该做一个将大脑信息外移的“手术”。

1. 将有用的信息快速收集、组织、处理

首先说一下为什么将大脑信息外移可以帮助我们解决很多管理工作。

第一，这样可以节省大脑的认知资源，让我们将更多的注意力集中在工作上。

当你将大脑接收到的有用信息进行组织、处理并记录在记事本上时，你会给大脑一个放松空隙。这样就可以节省大脑的认知资源，而把注意力集中在你的记事本上，也就是你的工作当中，相信我，这样对大脑很有好处。

第二，避免遗忘有用信息。

很多时候我们的大脑在这一刻接收了有价值的信息，但是下一秒很可能就会被其他信息覆盖，也就是遗忘。这时候，你会花费很多时间和精力去记忆和思考，这对管理者可不是一件好事。所以，我们将大脑信息外移到记事本上之后，它可以将所有需要处理的信息记录下来，你就不必担心会遗忘任何有价值的东西，也不必担心找不到想要的信息，需要用到时，打开它，定位、搜索，即可。

而这所有的一切都是一个过程，这个过程包括收集、组织、处理三个方面（见图 3-4）。

图 3-4　避免遗忘信息的过程

我举个简单的例子。有一次，我在对学员进行培训时，就用到了这种方法。实际上，培训是一个很大的工程，每节课上，我都会讲述大量的案例，还会给学员布置一些知识点、题目等。这些都是大量的碎片化内容。

但是对于这个过程，我不得不说这也是一个很有趣的过程。有时候我的大脑中会迸发出很多灵感，还有的时候我的学员也会提出一些我想不到的意见和想法，这些都是有价值的信息。当时，它们都在第一时间涌入我的大脑。

同时，我也很明白，如果不及时对它们进行组织、处理，很可能会错过非常多的有价值的信息。

所以，我花了一点点时间，将他们归入到了我的“外部大脑”之中，在这过程中我有独特的快速记录方式。例如某个符号代表的是什么意思，某个快速图案代表的是什么概念等。然后我再定期拿出一点时间，对这些信息进行组织和处理，让信息真正流动起来。

2. 大脑信息外移的具体操作

如何建立自己的“外部大脑”呢？换句话说，大脑信息外移的具体操作是什么？

很简单，现在我们处在一个科技发达的信息社会，你可以快速方便地使用数码软件和工具，例如：OneNote、有道云笔记、印象笔记等。

选择了工具之后，接下来就是具体的技巧。在这里有多种方法可以参考，例如：子弹笔记法、康奈尔笔记法、时间轴笔记法等等。下面介绍一下我常用的时间轴笔记法。

时间轴笔记法不同于平常的日记。时间轴笔记法是根据自定的时间轴来记录时间轴上的任务和信息。

例如，在临睡前，打开笔记，记录自己一整天的时间耗用，你也许会发现自己的工作效率，远远没有想象中那么高；你在很多事情上面耗用的时间，可能远多于你的预计；等等。

找到这些问题之后，你会对此优化。例如减少一些不必要的任务，摒弃那些无意义的事项等。

再例如，你可以画出一条时间轴，然后在这个时间轴上记录每个时间段收获的有价值的信息，将其组织和整理，然后进行处理记录，这也是一种记忆的方式（见图 3–5）。

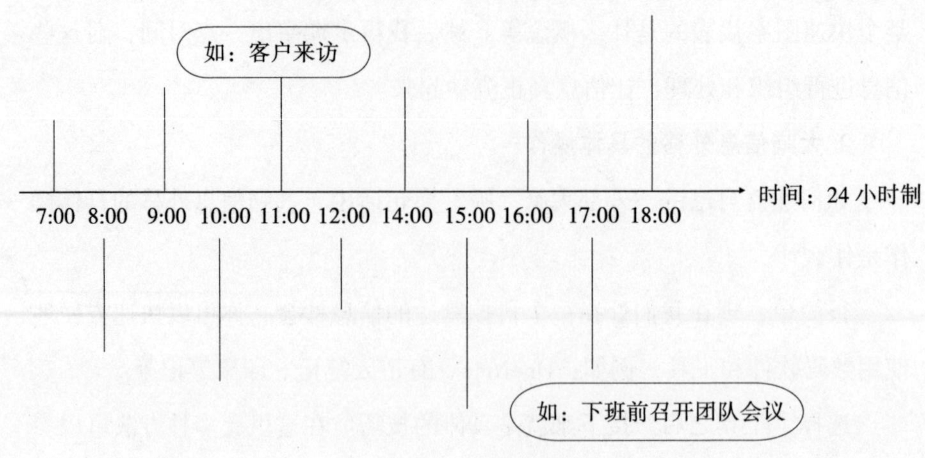

图 3-5　时间轴记事

当然了，你还可以坚持按照自己的喜好和习惯来进行大脑信息记录，例如坚持纸质笔记等。这些都是管理者应该具备的组织信息的技能。

3. 用大脑外移的信息来检视自己

管理者们不同于员工，可以相互之间平等沟通。管理者有时候无法和员工百分百平等交流。但是这并不意味着管理者不需要检视和监督自己。管理者可以把信息外移的这个过程当作是检视的过程。

通过做笔记、做记录的方式，跟自己对话，让自己看到每一天的进展、提升、充实度，也让自己时时刻刻看到：还有哪些事情没有做，哪些任务拖了太久，哪些信息一直没有组织处理，等等。一旦你建立起这个习惯，它就能够源源不断地为你的有序管理提供动力和监督。

有序布局的表现就是懂得高效资源整合

什么是资源整合？

资源整合，是企业战略调整的手段，也是管理者的日常工作。整合就是要优化资源配置，让人才、资金、资源获得整体的最优。

管理者在日常的管理工作中，必须要懂得通过组织和协调，把企业内部和外部的资源结合起来，形成企业系统化的资源大本营，并且依靠这个过程来取得 1+1 ＞ 2 的效果。

从现代管理学来看，资源整合能力的高低往往取决于管理者水平的高低。就好比汉高祖刘邦，本身没有太多资源，但是却有独到的眼光，能够看到身边资源和人才背后潜在的价值，能够从这些价值中获取更大的收益。

现代管理学家彼得·德鲁克提出："智力、想象力及知识，都是我们重要的资源。但是，资源本身是有一定局限性的，只有通过管理者卓有成效的组织工作，才能将这些资源转化为成果。"

很多管理者往往最容易忽视的就是资源，其实这是一个有序组织中非常重要的体现。那么，管理者应该如何高效地组织资源呢？

1. 注重外部资源的组织罗列

管理者要先把可以利用的资源都罗列出来，尤其是外部资源。对于这种罗列，我认为越详细越好。比如罗列人才资源，鉴于这个信息过于空泛和庞大，你不能简单地罗列，必须要标注相关内容，如哪些是内部可用人才，其有什么特长和优势，能够为企业带来怎样的影响力等；哪些是外部可用人才，是否需要进行合同外包，其在技能和品质上有何保证等等，这些都是需要罗列的。

2. 把各种资源进行组织区分，并真正理解它

接下来，你需要做的是把各种资源组织并区分，在这个过程中，你可以根据资源的特性和属性来区分。只有这样，才能真正理解这些可用资源，然后才能用好它们。

例如，一个管理者认为新员工和老员工具有一样的特性，那就是共同效忠公司，为公司出谋划策。其实这是不对的，起码是不具体的。这样的理解就很难将人才资源充分整合，更不会让人才施展出最大的优势了。其实新员工和老员工在特性上是不同的。

新人在工作中可能会有激情和活力，由于他们刚进入一家公司，是没有被同化的，持有客观的观点，这是他们的一些特质；而老员工则显然已经被同化，但是对公司却比较忠诚，了解公司的动态、客户资源等等。这些都是管理者应该详细组织和区分的资源整合内容。

只有真正区分和理解之后，管理者才知道如何去发挥他们的特性，为公司做出最大的贡献。

3. 提高自己的优势、减少自身成本的压力

真正高明的资源整合会达到这样一个目的：提高自己的优势，减少自身成本的压力。

这是任何一个管理者在组织资源和整合方面必须要达到的。如何实现呢？这需要三点，如图 3–6 所示。

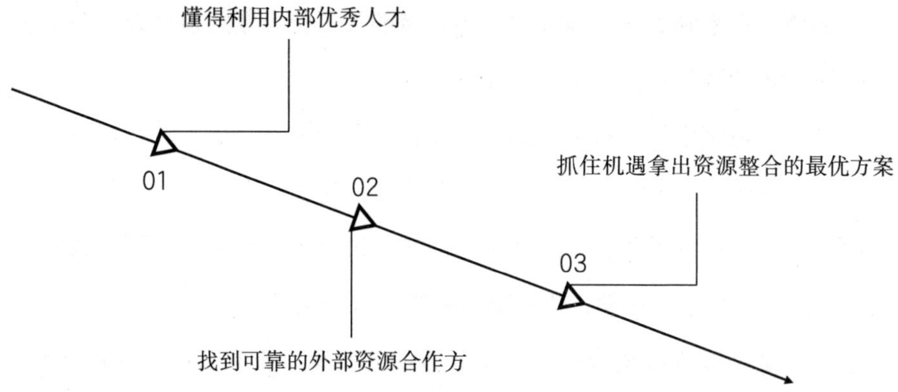

图 3-6　管理者在组织资源和整合方面必须通过三点来实现

如何理解上述三点，相信下面这个案例会给管理者带来启发。

一个汽车销售公司的优秀推销员在向客户推销汽车的时候，告诉对方购买汽车之后，会在客户生日时免费赠送汽车模型。成交之后，这名销售人员把客户的年龄、生日、联系方式告诉提供汽车模型的礼品店，然后从这家礼品店拿到免费模型赠送卡。汽车销售员回头再把赠送卡送给客户，这张卡的有效期是客户生日前的一周。

当客户拿着模型赠送卡到礼品店领取模型的时候，礼品店的一名员工会告诉客户，店铺正在搞促销活动，只需要交 50 元的订金，就可以免费得到一定数额价值的美容体验一次。

如果客户交了订金，留了电话，这时，礼品店的员工会把一张美容体验卡交给客户，让客户去合作的美容城体验。与此同时，还会要求客户登记生日日期和电话号码等个人信息，只要登记了，即可免费得到小礼品，以此完成深度促销。

而当客户来到美容城体验时，美容城的员工便可紧急追销以及邀请客户办理 VIP 卡等业务，从而锁定客户。

从这个案例中我们可以看到，汽车销售公司、礼品店、美容城三方合作，给三方都带来了利益——汽车公司给客户送去汽车模型，在提高自己营销效果的同时，还多了一次拜访、促销的机会；礼品店则得到了大批量精准客户，提高了营业额；美容城也获得了大量的客户。

这就是高效资源整合——利用各方面的资源，提高自己产品的优势、减少自身成本的压力。

当然，在这个环节中，任何一方的企业管理者都必须做到上述我讲述的三点，懂得组织和选择人才，懂得选择可靠合作方以及拿出优秀的方案。这些都是有序布局组织的体现。

提醒你的应是环境，而不是秘书

我想先向众多管理者提一个问题：你是不是经常依赖你的秘书？就像下面几种情况，如图 3–7 所示。

实际上，秘书是必需的，但是真正应该提醒你做出决策的不是秘书，而是环境。

管理最忌讳的是纸上谈兵。我接触过很多管理者，他们总是在办公室里对着电脑做出一份又一份的计划书，然后让秘书发给员工，甚至直接叫员工执行。

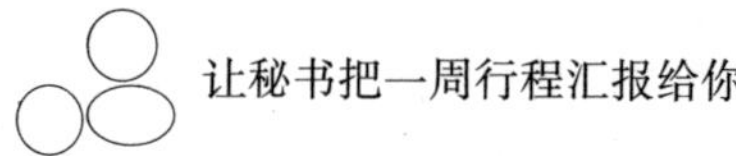

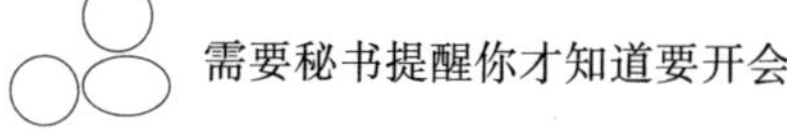

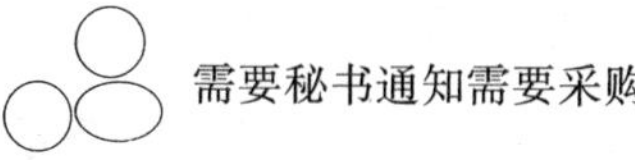

图 3-7　经常依赖秘书的几种现象

可是员工在拿到计划书的时候是什么情形呢？根本行不通。但是管理者的秘书已经下达了管理者的命令，所以只能照做。由于没有客观基础和考察依据，因此，这些计划执行起来非常缓慢，成效甚微。

另一方面，秘书则会向管理者汇报员工们工作不积极，执行力差等问题。为此，管理者开会严厉斥责员工的工作，最后员工的心态越来越不平衡，有些员工会选择辞职，有些则表面应承，暗地里却无能为力。于是，公司就陷入了一种恶性循环之中。

这一切难道是秘书的错吗？当然不是，而是管理者本身在组织管理上出现了问题。管理者没有根据客观环境来做出考察和决定，从而一切依靠“纸上谈兵”来决策，并且在执行过程中也只是通过秘书这条支线来提醒自己下面的状况。

事实上，在这所有的过程中，第一步还不是最成问题的，最有问题的是当命令下达之后，管理者不应该只是坐在办公室听取秘书汇报，而是应当根据环境和市场来把控计划的执行进度，从而能及时地采取补救。

1. 任何决定都要从客观环境中诞生

有些管理者沉浸在“模仿”之中不能自拔。例如，学习京东做生鲜，学习阿里做理财，学习美团做美食……实际上，这些决策都无法做到百分百与自己企业的情况相吻合。

企业管理者必须要具备规范经营的意识，并将规范经营的意识付诸行动。众所周知，当下的市场经济是激烈竞争的经济，遵循的是适者生存的规律，但同时市场经济也是法治经济。因此，企业要发展壮大，企业管理者必须要规范经营。这是管理者有序组织管理的一个大前提，也是良性发展的大环境。在这个大环境下，管理者要从客观出发。这主要包括两个方面：

第一，市场环境。

管理者必须要清楚当下公司所处的市场环境和趋势。假如你是一个电商企业，那么就要及时了解当下电商环境的发展趋势是什么。找到自己在市场中的位置，然后根据客户需求做出有组织的决策调控。

第二，公司内部环境。

这里所说的公司内部环境，主要是指公司团队、员工的情况。管理者要清楚自己的人才都有哪方面的优势和缺点，然后根据这些优劣势做出有组织的管理。

2. 真正了解你的企业

企业管理者要对自己的企业十分熟悉，有的管理者虽然按时上下班，按时参加有关会议，却并非了解自己的企业，也不了解企业所处的行业动态，这样的企业管理者是很难做到很好地管理企业的。

我知道有很多管理者对企业的了解多数来自秘书、助理或者其他人。

实际上，一旦形成了这种习惯，就很容易在组织管理上产生无序。因为你基于他人传递的信息得出的组织策略会影响到公司的每一步动态和发展。

管理者需要知道，秘书，只是一个辅助你完成自身工作的职员，而不是可以提供主观信息的成员。真正的信息来自于环境，来自于管理者对公司的整体把握和了解。

管理者需要从员工、市场、产品、客户、股东等方方面面来了解企业。只有在心中形成一个客观总体的概念，才能真正让公司的管理做到有序，让一个组织做到科学有序。

那些看似不相关的事物，总有某种联系

美国著名的管理学家彼得·德鲁克曾提出这样一个问题："管理者自己的定位是怎样的？"这是一个很大的命题，但是我觉得其实也不大，事实上，管理者不仅仅是指老板，还可能是团队带头人，也可能是部门经理，也可能是车间组长等。下面来看一个有意思的测试：

当你无意中发现公司有一本书无人认领时，你会怎么想？

（1）认为这不过是一本书——普通员工的想法；

（2）思考这是谁的书——低层主管的想法；

（3）进一步思考为什么这里会有一本书——高级主管的想法；

（4）拿起书思考这本书的价值是什么——老板的想法。

实际上，这个测试不一定十分准确，但是却可以说明一件事，那就是

那些看似不相关的事物，总会存在着某种联系。表象和真相有时候是背离的，基层和高层有时候也是有联动的，这些都要求管理者必须要善于思考和有序组织。

1. 如何找到解决问题的思路

当管理者遇到一个棘手的问题时，应该怎么办呢？

麦肯锡公司的一个选择题可能会给我们一些启发——

问题：当遇到问题时，身为管理者应该如何做选择？

A. 自己想办法解决；

B. 让负责这件事的下属解决；

C. 和下属一起想办法；

D. 观察下属解决问题的近况，并及时给予协助。

你的答案是什么？

实际上，管理是一种艺术，在以上看似每种选择都正确的情况下，许多管理者却把真正有可能的选择覆盖了，它是什么？有经验的管理者会告诉你，在遇到以上这种问题时，不只是选择备选的答案，更为重要的是如何找到解决问题的思路。

首先，管理者要充分地意识到，自己的管理重点不再是自己能够解决多少问题，而是要建立一个能够解决问题的团队，当然这也包括避免问题产生及减弱问题严重性。

具体的思路应该遵循一个相关性原则来组织。例如下面这个组织方式：

第一，这个问题应该由谁来负责？

在管理者的组织中，必须要先搞清楚一点，当遇到棘手问题时，这个问题是由谁来负责的？

这需要管理者考虑解决当前问题的必要性和解决方法，与对未来行为的影响之间能否取得平衡。毕竟长远的目标是让团队可以在没有管理者参与的情况下，独立解决问题。

举个简单的例子，一家酒店的服务员总是会被客户要求直接与大堂经理谈话。这时候，大堂经理就需要衡量怎么做才能对现在和将来都比较好。如果决定让服务员来处理，管理者也要权衡由哪个下属去处理会是最妥当的。

第二，现在做与正确地做。

有些情况下即使问题应该由下属来处理，但是因为牵涉事情的特殊性或者紧急性，管理者有可能需要自己来处理比较合适。即使是这样，管理者也应该尽量要求团队成员参与这个过程。

因为看似不相关的事情有可能是有联系的，这样做会让团队知道管理者与员工的关系是“伙伴”，管理者不再是单纯的“英雄”。

第三，管理者能做的最少的事情是什么？

这个组织阶段并非是管理者逃避解决问题的体现，而是为了培养团队解决问题的能力，管理者需要问自己“我能做的最少是什么”？我们要明确自己必须要做的事是什么，并要求团队成员尽他们最大的能力来办事。

第四，把问题进行条理化组织

管理者要搞清楚，问题的解决关键在于内容、模式，还是关系？如图3-8所示。

内容问题：指的是那些必须立即关注的问题。例如员工必须每个月拿出的总结报告，但是某个员工却没有按时完成。这件事构成了内容问题，因为未完成报告本身就是问题。

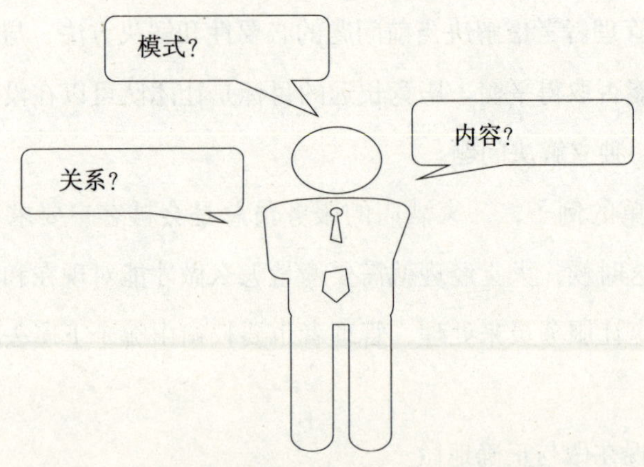

图 3-8　管理者要搞清楚问题解决的关键到底在于什么

模式问题：当问题不在于单一问题上，而是在于这样的问题反复出现的时候，模式问题就存在了。例如员工经常不能完成总结报告就是模式问题。

关系问题：当问题涉及了人们对于能力、信任或尊重的基本顾虑时，关系问题就会发生。一旦发生了关系问题，一般就要进行关系、结构或政策上的调整。

作为一个管理者，我们的目的是建立一支高效的团队。很多时候，问题处理得好不好，直接关系到管理者的组织水平。而在这个过程中，我们必须要全面客观地去看待整个团队，包括成员、问题本身、涉及的相关资源和环境等等，这些看似不相关，实际上在组织的思路过程中都有一定的用处。

2. 认真对待每一个与公司有关的人和资源

为什么很多看似不相关的事物却有着密切的联系呢？为什么有些人

明明不在重要岗位，却可以拯救公司？实际上，这是管理者的有序管理问题。管理者不能把自己放在一个高高在上的位置，如果这样，管理者的眼里看到的就只有负面的东西，这对管理公司毫无用处。

管理者需要意识到每个与公司有关系的人或者资源都是宝贵的，也是有关联的。例如，我听说过这样一件事：在韩国一家公司，夜里发生盗窃事件，与匪徒拼死搏斗，并且最终等到警察到来，维护了公司财产的人竟然是一名保洁大妈。

很多人对此十分不解。为什么保洁大妈在看到危险的匪徒时，不是在第一时间逃跑，而是选择留下来与匪徒搏斗呢？保洁大妈告诉大家："我也是公司的一分子，我的老板经常夸我做的宝洁工作是最完美的。身为公司一员，公司有难我不能不管。"

这就是管理的相关性。看似不相关，其实有着密切关系。在管理中，管理者要认真对待每一个与公司有关的人和资源，并且在必要的时候需要做一些记录，例如某某某曾经挽救过公司声誉；某某某曾经拒绝跳槽到更大的公司；某某某虽已退休，但却总是依靠自己的人际关系宣传公司产品；等等。

把这些记录下来，并进行有条理的组织和规划，管理者才能够清楚地意识到管理的重要性和科学性不只体现在一方面。

掌握高效会议的重要性

管理者的有序化管理还应该体现会议的组织上。有些管理者总是召开大量毫无意义的会议，不但浪费时间，而且这些无价值的会议还会让员工很反感。还有一些管理者恰恰相反，无论团队有几个人，无论事情大小，一律不召开会议，什么事情都只是自己下达命令，员工操办。实际上，这两种做法都不对。前者没有掌握高效会议的方法，后者没有领悟到会议的重要性。

真正有序的管理，必须要认识到组织一场高效会议的重要性。

根据《哈佛商业评论》统计，在英国每天有将近 400 万个小时被用于团队的会议，在美国平均每天要举行 1100 次的团队会议。这个机构还通过调查发现，在西方国家每个部门主管每天用于正式会议的时间达到了 3.5 个小时，用于非正式会议的时间大约是 1 小时。

从这些数据中不难看出，高端的人才用于会议的时间甚至超过整个工作时间的一半以上，不难相信，工作的成效与会议的效果紧密相关。

管理者更应该注重团队会议的重要性，这也是组织能力的一个体现。管理者必须要意识到团队会议带来的好处：

· 团队会议是一种群体决策会议模式，可以避免片面的结论；

· 通过团队会议可以让团队成员更好地交流，弥补工作中的裂痕；

· 团队会议可以把观点提炼、升华并且进行深入加工；

·团队会议可以让更多员工参与决策，更容易执行会议所制定的目标。

如此来看，团队会议也是团队成员们精诚团结的一个体现，是朝着目标共同前进的一种指向标。这既是对管理者的基本要求，更是高管们高效工作的必备品质。身在团队中，如果不懂得如何利用团队会议来提出更高效的工作方法，那么就无法组织并带动团队获得最大力量。

1. 高效的会议是什么样的

一个富有成效的团队会议，应该从以下几个方面来衡量：

（1）目标能否实现

有组织且高效的团队会议的目标应该是确保能够实现的，这是一个非常重要且基础性的衡量标准。

（2）目标能否在最短时间内被实现

一个高效的团队会议绝对不能像开一个马拉松式的会议一样，今天开完明天接着开，即便如此最后目标实现了，但这也并不是最有成效的。

（3）能否令所有的与会者感到满意

一个会议是否可以让成员满意，并非是说对会议的内容满意，而是对会议进行的方式满意。例如一个裁员会议，从内容上来看，这个会议不可能让所有人都感到满意，但通过大家聚在一起共同讨论如何把裁员的负面效果降到最低，这种方式会让与会者感到满意。

（4）能否占用最短时间

一个高效的团队会议不应该毫无节制地浪费时间、体力与金钱。

2. 高效团队会议的会前事项

每一场会议都会有“3W 要素”，分别是：why（为什么召开会议）、

who（会议的对象）与 When（什么时间），如图 3-9 所示。

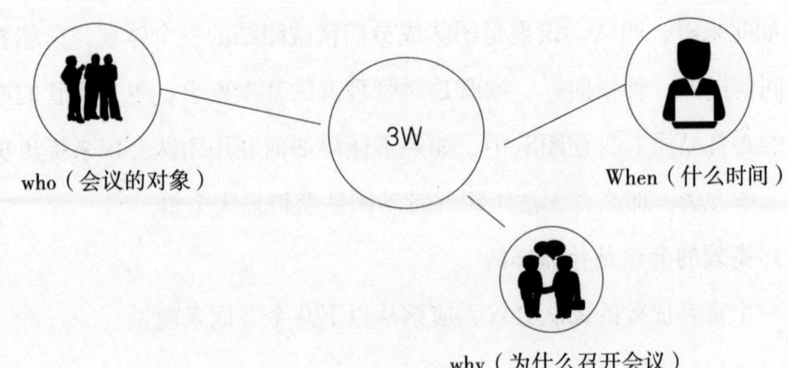

图 3-9 会议召开的 3W 要素

开一场有效率的会议，需要先弄清楚这“3W 要素”。

（1）Why

为什么要开会呢？这个问题直接关系到团队会议的参与人员的情绪，同时也会直接影响会议的结果。

360 创始人周鸿祎认为会议场合应该要求与会者事先思考，并带着清楚的讨论清单参会。

同样，筹备会议者应该至少在会议召开三天前寄送指定阅读的文件给所有参会者，此外，文件应尽量精简以确保所有人都能读完。

（2）Who

很多团队会议常常发生这样的状况：讨论的项目与某成员完全无关，但是会议中管理者却要求此人参与会议。事实上，这样的会议就十分低效，首先影响到了这个成员的工作时间，耽误了他的工作进程。所以，会议参与人员的确认很重要。

一个高效的会议，在进行之前，管理者需要想搞清楚三个问题，如图 3-10 所示。

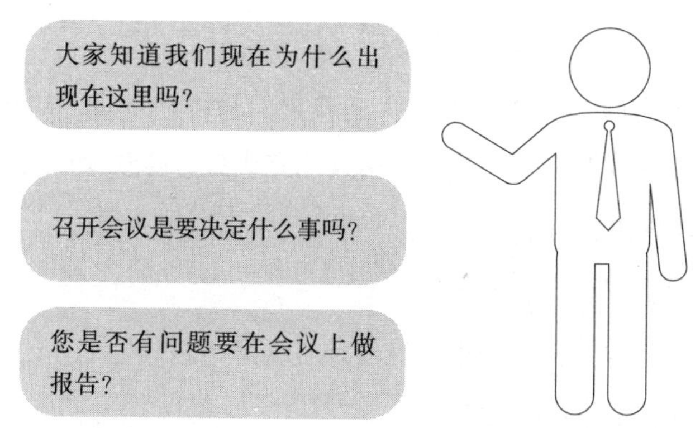

图 3-10　高效的会议，在进行之前，管理者需要搞清楚三个问题

（3）When

确认开会的目的和对象之后，接下来重要的就是要确定开会的时间。当然，各种部门的会议时间长短不一。例如销售团队会议，往往是每天早上都有一个简单的早会，每周五下午有一个大会做总结；技术研发部门一般会在每周末的下午做总结报告会议。另外，在碰到其他重要事件时，也会临时安排会议。

在“when”这个问题要素中，除了会议开始的时间，还要涉及会议的总时长。一般情况下，宜采用 1 个半小时或 1 个小时作为会议时间长度。但真正高效的团队会议应该在时间上越简短越好，这就要求参会人员要及时反馈问题，尽可能在会议中提供更有价值的资讯。

3. 会中和会后事项的组织

当团队会议的事前准备完成之后，接下来就是专注于会议本身。这时候会议往往由管理者主持，并确保讨论会议没有偏离方向。

此外，管理者还应当要求参会员工在会中做好全面的准备：

（1）避免在会议中使用主观字眼

根据《美国商业周刊》的报道，雅虎公司的执行官 Marissa Mayer 认为在会议中运用数据比个人选择使用其他方式更为高效。运用数据的方式来做报告和体现内容是最恰当的，要尽可能少用主观字眼。

（2）做好会议记录和笔记

参会人员还要在会议中准备好便条与纸张，做好笔记，记录会议中提出的重要问题和操作执行方案。

当会议结束之后，不代表团队会议就取得了高效成果。哈佛商学院资深讲师 Robert C. Pozen 指出需要在每场会议结束后提出三个问题进行询问，如图 3-11 所示：

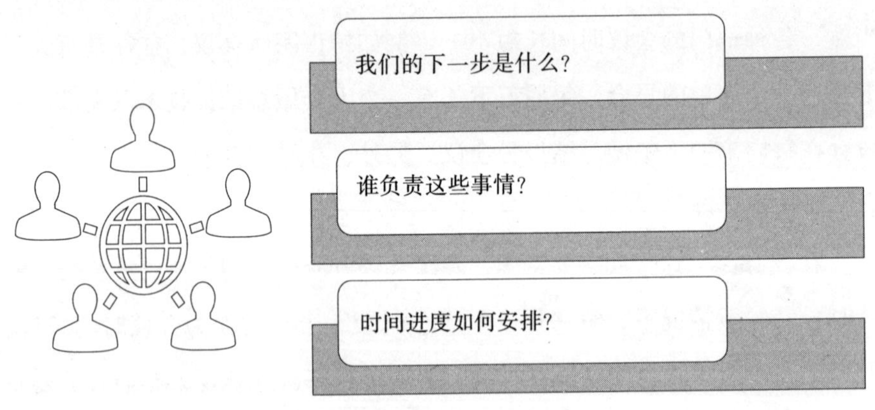

图 3-11　会议结束后的提问

随后在会议结束时，管理者需要组织团队成员按照这些会议的事项快速展开工作部署，以此来提高工作效率。

如何提高管理者的战略预见能力

在有序管理中，战略管理决定着一个企业发展的目标、方向和重点。而战略预见能力也体现了管理者的组织能力。

当一个企业犯了一些错误，或者因为发展不利而趋于弱势时，组织战略能力就凸显得尤为重要。

当然，当企业犯了方向性错误时，再怎么努力也很难实现预设的战略目标，甚至会导致企业走向衰败和消亡。在这方面，典型的代表是诺基亚，诺基亚的管理者在苹果智能手机面市时反应迟钝，还固守其一度领先的功能手机市场，最终由行业的引领者沦落为被微软收购的命运。

相反，我们再来看华为，任正非具有超强的组织能力，这表现在他的战略预见方面，在每个发展阶段任正非都能踩准节奏，把握住市场机会，带领华为走向更好。

那么身为管理者，应该如何提高自身的战略预见能力呢？

1. 具备预测能力

管理者必须具备预测能力，当桅杆顶刚刚露出的时候，就能看到事情发展的趋势，并且要掌握住它。这是管理者具备的预见能力的重点。

管理者要在看到某种很特别的现象后就能深入把握住这种现象出现的

原因以及未来的发展趋势，不仅要看明白将要发生的现象，还要把握住其内在的核心规律，知道问题出在哪里。懂得未雨绸缪才能使团队成员更顺利地渡过难关。

在小说《追风筝的人》中，主人公阿米尔的父亲在战乱来临之前就做好了预见战略，带了足够的现金提前联络好了“逃往”美国的专人。尽管在途中遇到了很多险境，但是却顺利到达美国。

在美国开始新生活之际，这位父亲对未来的筹划、组织管理依然非常有序。他用所剩的积蓄开了一家油站，维持和儿子的生活，然后他还意识到想要在美国站住脚，必须要具备知识技能。于是，他让儿子去读书。最终儿子大学毕业，在美国成了一位著名作家。

如果没有有序的组织和战略预见能力，阿米尔和父亲即便是逃到了美国，手里的积蓄也会很快花光，如此一来，阿米尔有可能会去打工，无钱上大学，就不会有将来更好的发展。

因此，具备预测能力很重要。

（1）长远看问题

当问题出现之后，要考虑在解决这个当前麻烦的同时未来能够得到什么样的发展空间。在管理企业中这一点尤为重要。例如，当与合作方出现了价格问题时，管理者要预见什么样的价格会让以后的合作更加顺利，而不是只为了眼前获得一个更好的价格。

（2）把当下和未来进行科学对比

所谓有组织的管理，就是一个对比的过程。管理者要有组织地把当下和未来进行科学对比。经过对比拿出合理的战略方案。当然了，这需要秉持一个“利益最大化”的原则进行对比，然后再做出选择。

2. 有组织的战略预见能力就是要聚焦资源实现局部领先

管理者的战略预见能力还需要用一点来历练，那就是懂得聚焦资源，突破一点，然后实现局部领先。具体的做法就是有组织地专注，不为其他机会所诱惑。

下面我们看一下华为最高管理者任正非的做法。

在创业期，任正非提出了“钉子精神”，采取“压强原则”，集中一切可以集中的力量，突破一点，局部领先，使华为渡过了起步的艰难期。任正非认为，在华为创业初期，除了智慧、热情、干劲，华为几乎一无所有。

从公司创建伊始到2000年华为只做了一件事，专注于通信核心网络技术的研究与开发。这一点说明了华为敢于把所有鸡蛋放在一个篮子里，把活下去的希望全部集中到一个点上。

华为成功的关键在于任正非有组织的管理，在其确定的战略生长点上，以超过主要竞争对手的强度配置资源，要么不做，要做就极大地集中人力、物力和财力，实现重点突破。

任正非的有序组织体现在以下几点：

（1）把代理销售取得的点滴利润几乎全部集中到研究小型交换机上；

（2）局部突破，逐渐取得技术的领先和利润空间的扩大；

（3）再将积累的利润投入到升级换代产品的研究开发中。

这三个步骤足以看出任正非的有组织管理，如此周而复始，不断地改进和创造，才让华为走到今天的世界先进行列。

4

第四章

发现：有序了解每个员工的优势

你了解每个员工的优势吗？如果无法做出肯定的回答，说明你的管理过于主观，缺乏发现的能力。管理者的发现能力首当其冲就表现在有序地了解每个员工的优势和劣势，让员工发挥出自己的最大优势，也为团队乃至公司创造更大的利益和价值。

公司如何创造价值，你真的知道吗

过去，提起公司的价值，我们往往会觉得是产品，是品牌。实际上，随着时代变迁，如今人才是公司真正的价值。

在一个现代化且具有较强竞争力的公司中，人力资源部门的治理正发生本质性的变化：由人员配置、培训、评估、薪酬、福利、管理等领域专业人员构成的传统上的人力资源部门变成一个模糊组织，这个组织的边界越来越扩大化，如图 4–1 所示。

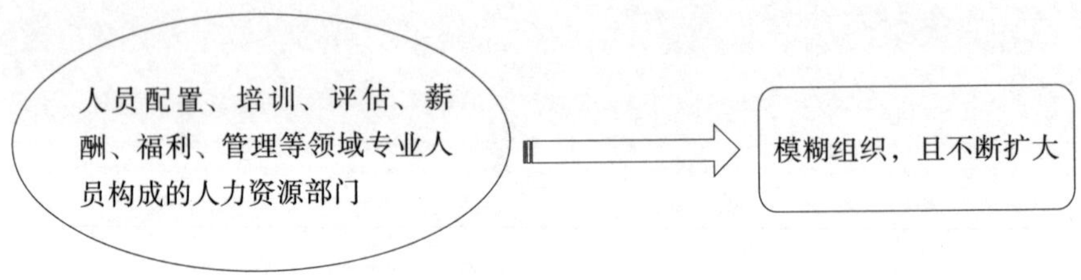

图 4–1　人力资源部门的变化

换言之，为了提高公司的运营效率，原有的人力资源管理的各项专业工作将更多地采用外包的形式，但这并非意味着企业自身的人力资源工作就不再重要，反而人力资源职能的重要性将大大提升。

人力资源管理发展到现在，已经从纯粹的管理实践转向经营实践，人力资源部门正从一个成本费用中心转变成为利润中心，如图 4-2 所示。

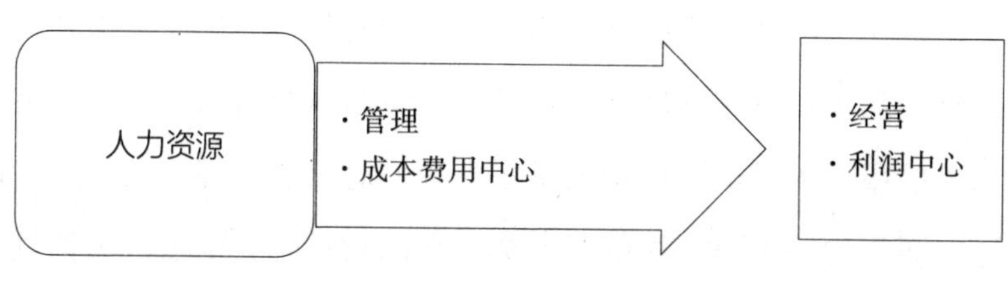

图 4-2　人力资源管理的转变

换句话说，就是现有团队内部的员工会成为创造公司价值的主力，他们很有可能为企业构建起更大的价值体系。这也必然会让人力资源管理面临更高层次的考验和挑战。

1. 员工与企业是一体的

“管理者 + 员工”是一个企业内最基本的角色组成。一个企业最重要的社会价值就是通过持续运营，产生经济价值。而员工和企业有一种最基本的关系，那就是服务与被服务的关系，这种关系的存续又被企业的经济效益所影响，可以说，是一种正比例关系。

员工与企业相辅相成，成为一体。一个企业如果要在市场中获得生存和发展，离不开同心同德的员工的努力。员工在企业中依靠劳动来获取报酬，企业依靠员工来获得收益价值；企业收益越多，员工的报酬也越高；企业的发展前景越好，员工的福利水平和社会地位也就越高。这种相辅相成的关系是每个管理者有序管理和发现人才的首要前提。

2. 员工的社会地位也是企业价值的一部分

公司效益好，员工的收入也就更高，这是企业价值的一个基本体现。还有一点也可以说明企业的价值与员工有关，那就是员工的社会地位。

举个例子，大家都知道星巴克一直稳坐连锁咖啡店的第一把交椅。人们如果打算去实体店喝咖啡，第一时间都会想到星巴克。为什么？因为星巴克的品质得到很多顾客的认可，无论是从咖啡的口味、种类，还是星巴克的服务人员的态度抑或是星巴克的时尚感，都给人一种信任和归属感。而作为一个星巴克的服务员，在同行业里，也绝对是拥有最高社会地位的。因而大家都认可他，赞赏他。虽然这也和他们的企业认知密不可分，但是起码从最基础的环节开始，他就一直为自己的工作感到骄傲，并以自己是星巴克家族的一员而无比自豪。这就是一个员工社会地位的体现。

同时，员工兢兢业业，恪尽职守地做好自己的工作，使企业取得好的发展和可观的收益，那么企业也会在无形中增加自己的竞争实力。由此，企业会发展得越来越壮大，员工的福利待遇自然会水涨船高。

3. 善待员工就是善待企业

不可否认的是，公司的真正价值在于员工。对于这个问题，你可以询问任何一家五百强企业的管理者，他们必然十分认同这个观点。

你如何善待员工，员工就会如何对待公司。公司的价值正是在这种“善待”过程中体现出来的。苹果公司早期在乔布斯的带领下快速进入了巅峰时代，身为苹果的每一个员工都为此感到骄傲，这种骄傲很大程度上源自于乔布斯的管理。因为乔布斯对每个员工都很优待，例如高薪挖人，对公司的设计师从未采取过“强硬”态度。乔布斯有一双能发现员工优势的眼睛，他总能及时发现每个设计师的长处，并且让其尽情发挥。

苹果公司对员工的善待，让苹果迅速崛起，成为科技领域内的佼佼者。可是如果你要问乔布斯，是什么让他意识到员工对企业价值是如此重要时，他会告诉你，是惠普。这源于他十二岁时的一通电话。

乔布斯在十二岁时，有一次拿起一本电话簿，然后拨通了惠普创始人比尔·休利特的电话。年少的乔布斯直接说："嗨，我的名字是史蒂夫·乔布斯，你并不认识我，我今年十二岁，我正在制作频率计算器，我需要一些零件……"

就这样，休利特与乔布斯聊了将近半小时，他认真倾听了乔布斯关于频率计算器的构想和设计理念。最终他答应了乔布斯的请求。他不但给了乔布斯零件，还邀请乔布斯暑假时去惠普打工。

乔布斯在那个夏天真的去了惠普打工。在惠普，乔布斯发现每天早上十点，比尔·休利特会派人给员工派发甜甜圈和咖啡，员工们一起喝着咖啡，品尝着甜甜圈，其乐融融。

这是乔布斯接触到的第一家公司，比尔·休利特让乔布斯懂得了什么是公司的价值，以及只有善待员工才能创造价值。

团队就是一个记忆力交互系统

一个人永远干不过一个团队，一个团队干不过一个系统，一个系统干不过一个趋势。因此，才有这样的一个理论，如图 4–3 所示：

图 4-3　团队、系统、趋势

作为企业管理者，在有序管理的过程中，你需要的是整合能力——能成功整合你的团队，说明你有能力。

管理者想要成功，就必须要有一双善于发现的眼睛，凭借这双眼睛才能找到可以组建团队的合格成员，进而形成一个记忆力交互系统。

那么，什么是具有记忆力交互系统的团队呢？这里主要指的是你的团队成员，每个人都有自己独特的特点，并且坚持这个特点，最终组合在一起，交互形成一个强大的团队，这个团队就能让你的企业一直走下去。

我们以唐僧师徒四人这个团队来解释一下。

人们问唐僧是如何历经千山万水和险境取得真经的？唐僧的回答是：信念。没错，他依靠的是一种对真经的信念，对使命的信念。这一点让他坚持走到了最后。

人们问孙悟空同样的问题，孙悟空的回答是：能力和人脉。他总是在没有能力战胜妖魔的时候巧妙地求助他人。所以，能力和人脉是孙悟空的制胜法宝。

面对同样的问题，猪八戒的回答是选择对了团队，也就是跟对了人，让他获得了成功。沙和尚的回答是勤奋吃苦，所以能够完成任务（见图 4-4）。

这四个人组成的团队就是一个记忆力交互系统的团队。四个人的特点都被发挥出来，并且互相交汇，互相帮助，形成了一种记忆关系。每当遇

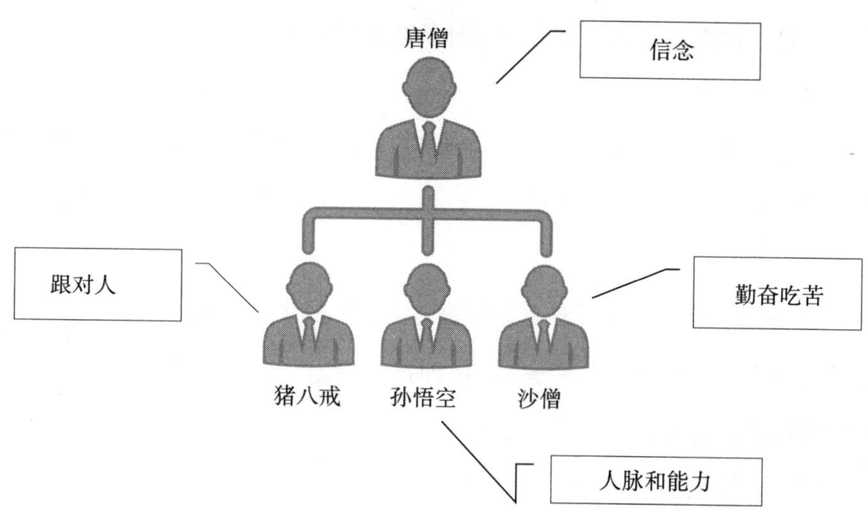

图 4-4　唐僧师徒四人团队各自的认识

到磨难之时，唐僧会调出自己信念的记忆来说服自己和感化徒弟们。每当遇到困难，孙悟空会调取人脉记忆库，第一时间寻求帮助。猪八戒和沙和尚也会发挥各自的特点，本分地做好自己一贯的工作。这样的团队就是战无不胜的。

懂得有序管理的管理者，一定能发现合适的人才，并且组成这样具有强大的记忆力交互系统的团队。

1. 用人才模型来选择对的人加入记忆力交互系统

团队的记忆力交互系统需要有合适的人才加入进来。这需要管理者学会选择。下面介绍一种微软的人才模型，这种模型可以让团队找到对的人。

比尔·盖茨是选人、用人的高手，微软的这个人才模型看似一个简单的模型，其实却在微软发挥着巨大的作用。

在这个模型中，人才被分为四种基本类型：

（1）专家型

专家型人才通常是在基础科学或者应用科学的某一分支领域内具有突出成就的人，这类人才的知识能力比值很高，在某个学科的专门领域内造诣较深。

对企业管理者来说，要正确理解“专家”的含义。凡是在某一方面具有特长的人都可以称为“专家”，例如技术专家；也包括那些能够把一项工作做到极致的人。

（2）中间型

中间型人才通常从事应用科学研究，他们的视野比较开阔，可能涉及几个学科，但是每个学科的能力水平都达不到专家的水平。他们的优点就是解决实际问题的能力非常强。在一个企业中，基层技术人员通常属于这类人才。

（3）人脉型

这类人才懂得非常“杂”，他们的知识面和人脉很广，但缺少应有的知识深度。这类人才可以旁征博引，融会贯通，例如公关人才。

（4）T型

这类人不仅对某个专门领域有较深的研究，而且还有较广的知识面，这类人是非常宝贵的人才，也被称为“复合型人才”，是企业中最宝贵的人才。

选择以上四种人才，然后组成的团队，一定是一个行业里具有交互功能的专业系统，其必然能够发挥出最大功效，让团队更加有价值。

2. 发现互相补缺的员工

在记忆力交互系统中，管理者也要注重人才的互补。例如在唐僧师徒的四人团队中，信念、人脉、勤奋、听话等缺一不可。四人之间相互补缺，共同支撑着团队前进。如果四人都是孙悟空，恐怕永远也取不到“真经”，因为他只要遇到困难就要找人帮助，而且路途中遇到的磨难重重，他也缺乏耐心，即缺乏信念，于是经常半路中回花果山。据此可以得出，在这个团队中，只有一类人是注定无法取得真经的。

在现代管理中也是如此，管理者必须要能发现互相补缺的员工，然后让其组成一个团队，只有这样在团队遇到困难时，才能一起战胜。

这就好比马云在当初创业时是一样的，“十八罗汉”各有所长，每个人都负责一个艰巨的项目，而马云作为管理者，其实在技术和销售上，他全然不在行，但是他有信念，有管理理念和方法，可以做到有序管理，这些就足够让阿里团队强大。

每个员工都是特定项目的神经元

在管理组织中，有序的人才管理，就是要发现每个员工特定的神经元。

我们先来看一下关于大脑神经元的信息。人脑中的神经网络是一个非常复杂的组织，在每个成人的大脑中大约有1000亿个神经元。每一个神经元都发挥着自己的作用。在企业中，团队、组织就如同大脑，每个员工都必须是特定项目的神经元，这样才可以让整个大脑都处在活跃、忙碌的状态之中，也能共同帮助大脑，做好相应的事务。

1. 摆正每个员工的位置

管理者需要了解和掌握每个员工的能力，这样才能摆正每个员工的位置。举个例子，如果你让猪八戒去寻求人手帮忙，他可能早就跑到一边睡大觉去了。所以，你必须要让有人脉资源的孙悟空去做这件事。

在企业中，助理、主管、技术人才、公关、销售员等，每个人都有自己独特的强项，那么就让他们坚守位置。管理者需要做的就是要提供给他们更好的环境和资源，让他们充分施展自己的特长，然后发挥最大优势，为团队获得最大效益。

2. 实行扁平化管理

扁平化组织是指企业规模扩大时，尽量增加管理幅度，当管理层次减少而管理幅度增加时，金字塔的组织形式就被压缩成扁平状组织形式。举个例子，在建立产品销售渠道上，传统的销售渠道是多层次批发——层次多，环节也多，而扁平化的渠道形式正好相反，扁平化销售渠道最显著的特点就是直接销售，渠道变得短而宽。

很多企业都实行组织扁平化的人才管理方式，其原因有三个：

第一，分权管理是一种趋势。在分权管理体制下，各层级的联系相对减少，各基层组织之间相对独立，扁平化组织形式可以得到有效运作。

第二，有助于企业快速适应市场变化。原有的组织形式难以适应快速变化的市场环境，为了适应市场变化，不被淘汰，就必须要实行扁平化的组织形式。

第三，企业对信息的需求加大。随着信息技术的发展，特别是计算机管理信息系统的出现，让原有的管理幅度理论不再有效。

如何实现扁平化组织的人才管理呢？方法有如下六点：

（1）运用系统方法

管理者在分工管理的基础上，要用系统思考的方式塑造学习型的组织，让每个员工都能发挥自己的独特优势，从而加强自身系统。

（2）减少中间层次

扁平化组织结构的一项基本原则就是尽量减少管理层次，尽可能地形成一条最短的指挥链。

（3）强化影响力

影响力并非完全来自于权威，还会受到其他因素的影响，例如知识、信息、人格魅力等等。

（4）指挥要灵活

当组织相对简单时，管理者更要注重统一指挥的原则，这是有序管理的金科玉律。

（5）注重分权

分权已经成为企业管理的潮流，过去的组织机构设置容易过于臃肿庞大，面对困难时，容易出现效率低下导致的内部混乱和无序，原因就是企业不懂得分权。实际上，最能让企业提高运营效率的方法就是缩减组织机构。

（6）加大控制

信息化管理手段的推行让企业管理、控制幅度加大成为可能。

此外，管理者还应该不断地转变观念，不断地改造企业文化，通过企业文化加大控制。

3. 运用 OJE 模式找到员工的独特神经元

什么是 OJE 模式？这是麦当劳的一种人才管理机制，也是每个管理者应该学习掌握的。

麦当劳之所以会做得那么大，是有原因的，这首先就源于它对人才的有序管理。下面看一下麦当劳的 OJE 模式。这种模式也称为岗位测试法，即让同事都来评估某个员工：这个员工适合做什么工作？具有什么优点可以帮助企业？你的同事对你的感受怎么样？你的上司对你的感受怎么样？等等。通过这些测试，最后做出是否录用的决定。

这种方式可以让麦当劳在最短时间内——通常是三天，就可以评估得出一个员工适合哪个岗位，或者无法满足麦当劳的企业用人需求（注：麦当劳没有员工试用期，但有员工实习期），这样不仅节约了员工的宝贵时间和精力，同时能有效地提高甄选的质量，让管理者在最短的时间内能够及时有效地观察到员工的实际工作表现，快速发现员工的独特之处和个人优势。这种方法也使得麦当劳的选才成功率达到 95%。

每个管理者都应该学习这种模式，并且找到合适的时机，选择用这种方式来了解员工。

了解每个人的优势与劣势

在有序管理中，发现和掌握每个员工的优势和劣势很重要，这关系到企业组织是否能有序发展下去。

首先，我想先问管理者一个问题："你是否觉得员工做你安排的每件事时都能得心应手？"

其次，说出你的答案，并且客观地去分析。

实际上，身为管理者如果只知道分配任务而不去发现员工的优势和劣势，那么这样的管理就是无序的，也是不科学的，更无法让企业快速向前发展。

管理者必须要看到每个员工的优势在哪里，他擅长的是什么？有没有被安排在最合适的位置上？你要记住，认可其具有的优势也是激发员工工作动力的重要因素。

每个人可能都是一个专才，但他一定不是全才。怎么理解这句话呢？当专才能够很大程度上发挥自己的价值的时候，他就会努力变成一个“通才”。这对企业开展经营无疑是非常有帮助的。

发现优势，发挥优势，还有发展优势，目的是作为管理者的我们，要把员工的优势转化成最终的生产力，实现想要的成果。

1. 发现员工的优劣势

管理者必须要善于发现员工的优劣势。举个例子，我有个朋友，是一家销售公司的主管，他发现了一位员工销售工作做得非常好。他是怎么发现的呢？

他没有去进行业绩考察，而只是采取了观察。很快他发现这个销售员不但善于与客户沟通，发现客户的兴趣点，而且还能快速捕捉到客户的需求——这就是这个销售员的优势。

作为管理者，都应该去发现员工身上的闪光点。当然，如果你没有我这位朋友那样的水平或者精力，你可以通过最笨的方法去发现，那就是通过一段时间，如半年、一年的绩效考核，发现员工真正的优势是什么。

在二战时期，被罗斯福称为“最伟大的组织者”的马歇尔将军就是这样一个人。马歇尔有一个笔记本，上面是军校学员的档案记录，凡是有才华且有大好发展前途的学员，他都将名字记录在这个笔记本上。此外，马歇尔还记录了这些有才华的军官的优势、劣势。通过对比，发现他们最擅长的，然后派他们去最适合的岗位。

马歇尔将军在二战时期曾经提拔过两个将军，这两个人物在二战时是非常关键的，一个是巴顿将军，一个是艾森豪威尔。

马歇尔在他的笔记本里对巴顿的记录有两句话：

第一，他能带领部队赴汤蹈火，前提是用一根绳子套住他的脖子；

第二，把装甲部队交给他指挥再合适不过。

这两句话足以证明马歇尔对巴顿是多么了解，他很清楚巴顿的优势在哪里，后来马歇尔真的让他去指挥一个装甲军团，且屡立战功。

因此，发现员工的优势也许很简单，只需要用一个记事本，在上面记录员工的优势，他擅长的是什么，他在哪个领域可以做得好，等等。然后去使用这些具有不同优势的人才。

除了发现优势，还要善于发现劣势。了解了员工的劣势，可以避免让他们在不该出现的领域做事。

2. 发挥员工的优势

每个人都有他擅长的技能和具有优势的特性。当这些被整合在一起的时候，团队就会实现互补，力量才是最大的，才能更全面系统地完成项目。那么，作为管理者应该如何更好地去发挥员工的优势呢？

我先举个例子。我在北京做培训时，有一位管理者跟我说过一件事。

他的公司有一位文笔不错的销售高手，该员工有很多人脉、客户资源，而且懂得如何与客户打交道，了解客户需求，为公司谈成了很多项目。

有一次，因为公司急缺文案，这位管理者让他去做销售文案工作，而且给这位员工开出的待遇也很诱人。

然而，半年之后，这位员工提出离职。管理者非常不愿意，他不会轻易放走这个人才，于是找我寻求帮助。

我来到这家公司通过了解发现，这个员工之所以想要离职，不是因为待遇问题，也不是对工作环境不满意，而是因为他认为自己不适合写文案。尽管自己文笔还不错，但是他觉得还是适合做销售，让他写文案，他通常一天也憋不出几个字。

后来，我跟管理者沟通，说明了情况，并询问管理者后来是否招到写文案的员工。管理者回答得很肯定，说已经招到合适的文案了。既然如此，我就劝这位管理者让那位销售人员回到自己原来的岗位，因为写文案不是他的优势，甚至是劣势，而做销售才能体现他的优势。管理者恍然大悟，于是按我说的照做了，这位销售人员又重获“新生”了。

这就是如何更好地发挥员工优势的典型事例。

作为管理者，你的选择对员工很重要。如何发挥员工的优势，把员工放在最合适的岗位上，是管理者始终都应该做的事情。选择对的人，比你选错了人去从头再培养他要容易得多。总之，让有优势的人在其适合的位置上发挥优势，才是有序管理的体现。

3. 发展员工的优势

除了上述的两个管理原则之外，管理者还应该学会发展员工的优势。

如何发展呢？如图 4–5 所示。

如果你想要培养一个产品经理，那么就要去捕捉具有潜质的人才，然后去培养他。例如，让你培养的对象去捕捉客户需求，建立对市场的敏感

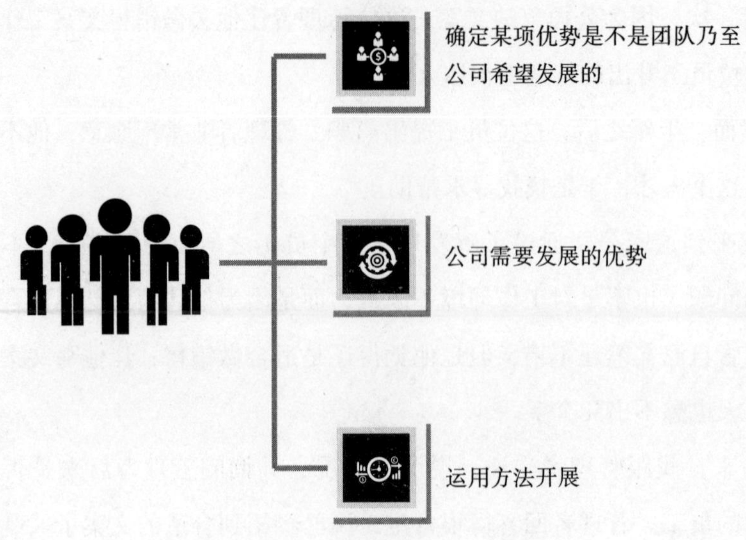

图 4-5　发展员工的优势

度，还要和销售人员去沟通，去整合大家基于客户的角度和思维得到的想法，然后再去对产品进行优化，等等。

当员工不断跟市场紧密结合在一起，发展出对市场敏感的优势，最后他就会进阶成为一个很好的产品经理。当然，这个过程也可能会失败，管理者还要做好充分的心理准备。

尊重员工是有序管理的一个重要步骤

假如你的员工都能努力工作，发挥他们的优点，企业就会得到飞速发展。如此一来，管理者最应该感谢的就是员工。因此管理者应该借助任何一个机会，表达对员工付出的尊重。尤其是对一线员工来说，这种表达可以让员工感受到付出的价值。

尊重你的员工，也是有序管理的一个重要原则。

1. 正确理解员工所承担的任务，帮助他们实现自我价值

管理者应该借助任何一个机会，表达对员工付出的尊重。我经常和一些正在创业的朋友们说，当你创业时，尤其要注重一线员工。因为对他们来说，很少能够接触到高层管理者，他们接触最多的就是你的客户、你的市场。如果高层管理者不能够及时肯定他们的贡献，就会影响到员工们工作的情绪和结果。

也许你听完之后会觉得这并不是多么重要的事情，实际上，对那些经常被遗忘的人，认同和尊重的意义是非常巨大的。

日本对于工匠精神追求至深，对那些把一份工作做到极致的人会给予肯定和认同，甚至还会称他们为“职人”，这种称呼是至高无上的，也是让员工感到非常自豪的。

例如，在日本一位工作在一线的清洁工可以将地板打扫到不但可以看到地板上的反光，还能从地板上看到电灯泡的影子。

显然，只有那些干具体工作的人才最清楚该怎样去满足顾客，该如何应对外部的环境。

想要激发员工的积极性和主动性，管理者必须要懂得“管理者与员工”的伙伴关系。作为伙伴，管理者不仅要关心员工现在正在做什么，员工的感受和想法，还必须关心员工的自我价值感和成就感。当一个管理者对员工不只表现出关心他们工作本身，还能关心员工的其他事情，例如情感、自我价值等，员工就会信任管理者，他们信任了你，自然会为企业付出更多。

因此，管理者应该正确理解员工所承担的任务，无论这项工作或者任务有多么简单，只有给予员工必要的帮助并且能够尊重员工，员工完成这项任务时，才会实现真正的价值。

2. 把“业绩”改为“贡献”

管理者要清楚，每个员工也可能是自己的老板。换句话说，当你站在“老板”的高位置上对他们指手画脚时，员工内心之中的那个“老板”也会对你产生蔑视。这也是为什么很多老板天天强调业绩，却依然没有好的业绩的原因。

对于每一个员工来说，工作起来并不仅仅是按部就班，像流水线上的步骤而已，工作应该是一种极具价值和贡献的行为。

管理者在给员工分配工作时，仅仅向他们解释如何像机器一样按部就班去做是绝对不够的，还必须向他们明示为什么要这样做。

举个例子，大家都很熟悉迪士尼乐园。实际上，在迪士尼乐园的清洁工人，并不是简单地做清洁工作，还承担起了让消费者快乐的事业。这体现在清洁人员对消费者的微笑当中。迪士尼乐园的管理者让清洁工人明白，有时停止清扫向顾客微笑，并向他们传递快乐也是工作的一部分。可以说，这项工作的最终目的不在于清扫，而是在于给消费者带去快乐。

把一项任务，哪怕是小任务放在大的环境中去考虑，突出工作的重要性，就能够体现出这项任务的深层意义。没有为这些任务赋予更深层的意义，员工们只会机械地完成它，而不能对意外做出积极反应。因此，通过尊重带来的自我价值的实现是造就积极而又高效率员工的关键。

对此，彼得·德鲁克说过一句让很多管理者受益一生的话："如果你把'功绩'从你的词汇表中抹掉，用'贡献'取而代之，那么你将在企业管理中获得最佳的成果。"贡献可以让员工明白他们能够做出独特的成绩，也是把员工有序组织起来并获得成功的核心点。

3. 几个尊重员工的小技巧

（1）拒绝对员工颐指气使

很多管理者总是保持着非常高的姿态，以为管理者就应该对员工指手画脚，发号施令。实际上，这类管理者完全错误地理解了员工的概念。如果你是员工，你会怎么想呢？

在这种管制下的员工，内心肯定充满不满，觉得自己无法得到应有的尊重，不仅会对管理者产生抵触心理，对企业也开始抵触。如此一来，他们就无法百分百地投入到工作中，无法全心全意地为公司服务。所以，尊重员工就必须从改掉这个习惯开始。

（2）多用一些礼貌用语

当你将一项工作计划分配给员工时，请不要用发号施令的口气。真诚恳切的口吻才是一个优秀管理者的最佳之选。对于那些出色完成工作的员工，一句“谢谢”能够激励员工更加努力。在分配任务时，加一个“请”字，这样更能彰显管理者的个人魅力和大度。

（3）对员工的提议要懂得表示感谢

很多管理者在接收到了员工提出的有效建议时，总是认为这是员工应该做的。实际上，员工能够提出好的建议，说明员工能够站在公司的角度去思考问题，这样的员工是值得鼓励的。管理者必须要从公司的角度感谢员工的建议。就算你不采纳员工的建议，也一定要将理由说清楚，措辞要委婉，并且要感谢他提出意见或是建议。

（4）一视同仁

管理者切忌对待员工采取不同的标准与态度。有些管理者偏爱一些人才，对某些人看不顺眼就不加以认可。这样对公司的发展和管理都是有害的。管理者不能在一个员工面前，把他与另一个员工作比较，也不要在分配任务和利益时有远近亲疏之分。

（5）聆听是尊重的重要体现

在日常工作中，管理者要注意聆听员工的心声，这是尊重员工、调动员工工作积极性的最有效的方法，也是成功管理者经常采用的明智做法。只有广泛地聆听员工的意见、看法，并认真加以分析，才能避免工作中由于疏漏造成的失误。

员工的情绪与管理者的关系

我通过观察很多企业的经营，发现很多管理者缺乏情绪管理，当然这主要是指对管理者与员工的工作关系。

我了解到很多企业往往比较注重团队管理的“硬技能”培养，如目标管理、工作分解、绩效、时间等等，却总是忽略团队管理中很重要的一个“软技能”，那就是情绪管理。国外的很多大型企业都懂得这一点：管理者不但管理企业的经营，还负责调整员工的情绪。

在这个情绪管理的过程中，管理者需要按照三个步骤来进行。

1. 识别并接受员工的情绪

管理者不仅要派发任务，还应该在与员工接触的任何环节中正确识别并且接受员工的情绪。员工的情绪会影响工作进度，甚至影响工作效果。

因此，管理者必须要正确地识别员工的情绪。方式有如下几个：

（1）观察

管理者要具备一双发现的眼睛，要关注员工日常工作的言行举止，因为一个人的情绪往往体现在行为细节当中。

（2）倾听

管理者要时常和员工进行沟通，在沟通过程中认真倾听员工的心里话。这需要管理者找一个相对放松的环境，最好是一对一谈话，话题可以是聊聊目前的状态。此外，管理者还应该积极听取多方面的反馈，这样可以让自己从其他方面了解到人们对于某些员工的反馈意见。比如，可以从客户那里或者跨部门来收集反馈信息。来自其他方面的意见往往能更加客观地反映出员工的情绪状态。

（3）从绩效结果看情绪

管理者还可以从员工的绩效结果中发现员工的情绪变化。如果管理者发现全体员工的绩效结果与目标有较大落差，通常情况下说明员工陷入消极情绪的可能性很大，这时候，管理者要积极做出应对。

识别了员工的情绪之后，接下来管理者就要接受员工的情绪。在情绪管理方面，如果我们越是压抑员工，员工就会在情绪上越是反弹。这是一种情绪变化的规律。作为管理者，要让员工感受到你对他们情绪的关注，然后再去调整员工情绪就会容易一些。

当然了，接受员工的情绪，可以从两方面开展：

第一，内心认可。管理者需要在内心理解员工可能会出现的消极情绪，这是思维层面的一个认可。因为员工也和自己一样，有情感，有压力，有矛盾，出现情绪波动也是很正常的。

第二，接纳认可。管理者需要让员工意识到你接受他的情绪，这非常重要。例如，通过倾听去接纳，员工会产生心理认同感，也会对你敞开心扉，为调整情绪打下基础。

2. 解析员工的情绪

当管理者发现了员工存在的消极负面情绪之后，就必须要想办法对其进行调整，在这个过程中有一个不可或缺的步骤，那就是解析员工的情绪。

作为管理者，在让员工感受到我们对他们情绪的理解之后，就要去解析情绪背后的原因，因为找到原因才能对症下药。

从很多情绪管理者的经验中可以得出，员工的情绪状态之所以会出现波动，通常源于两个方面，如图 4-6 所示：

图 4-6　员工情绪波动的原因

· 人际关系。这是指员工和同事或者和客户之间产生了问题。有可能是互动上出了问题，也可能是想法上出现碰撞。

· 工作事务。这点很容易理解，即员工在工作中遇到了难以处理的事情，例如无法完成的任务、耗时巨大的事项等等，这些都会让员工出现低落消极的情绪。

3. 对员工情绪做出调整

管理者在识别和解析了员工的情绪变化之后，接下来就要进入调整情绪的阶段。

在这里有一个原则和方向，那就是要尽可能把员工消极抵触的情绪调整为积极的情绪，这是原则，也是目的。

根据员工情绪波动的原因，如果员工的情绪变化来源于人际关系，那么管理者就要从这方面去相应地调整。例如员工与同事之间出现了矛盾，管理者这时需要怎么做呢？管理者需要帮助双方创造机会，化解矛盾，加强双方的关系。

如果员工的情绪来源于工作事务，那么管理者先要了解是什么工作扰乱了员工的情绪，然后了解工作的困难所在，最后管理者可以针对解决这些困难提供帮助。例如提供相关的培训或资源。这样不但能够帮助员工解决工作问题，还能让员工知道你是和他紧密团结在一起的，这是抚平其情绪的一个重要方式。

5

第五章

联动：只需掌握团队沟通的最核心点

有序的管理还需要掌握团队联动的能力，联动离不开高明的沟通。高效的管理者都懂得一个原则，那就是在联动时，只需要掌握团队沟通的最核心点，然后据此深入沟通，就能一举击破，这种沟通不但有序，而且高效。

为什么沟通了半天，问题还是没解决

为什么很多时候，我们沟通了半天却没有解决问题？或者当我们沟通了很长时间，最后才发现如果对方早点把重点说出来，沟通会节省很多时间。

沟通成本，这个无形的成本其实是最影响工作效率的。也许你的员工正在做一件非常重要的事情，这时候你因为沟通不当，耽误了他的时间，就等于是耽误了那项重要工作的进度，这样的沟通成本代价很高。

在这里，我们必须要了解为什么沟通半天问题没有得到解决的关键原因。

1. 不说明目的上来就沟通

有很多管理者在与员工沟通时，不说明目的，一上来直接就沟通。最后却闹出了乌龙，耽误了彼此的宝贵时间。下面的事例就是这类沟通：

一位管理者带着一个产品经理直接找到了产品研发人员小王，然后说是有事找他。

小王突然一惊，心里产生疑问：产品经理到底来干什么？难道自己的产品研发流程不对？带着这些疑问，三个人进入会议室。

在会议室里，产品经理没有问小王关于产品研发的流程，而是想让小王讲述一下自己负责的工作内容，包括整个产品研发是如何实现的。

由于是管理者交代的事情，于是小王不敢怠慢，打开电脑，并开始在白板上一边画图，一边讲解。其间，产品经理也听得很认真，还不时做着笔记。

一个讲得专注，一个听得投入，过程中还夹杂着一些小讨论，看似这场沟通非常成功。大概两个小时过去了，小王终于讲解结束了。产品经理也不那么拘谨了，小王问他跟自己沟通这些是想做什么。

产品经理收拾着笔记本，并说自己是想要计算一下产品的预算，所以来获取产品研发的流程信息。

此时的小王非常生气地走出会议室，然后找到一份“产品预算报告”，递到了产品经理手中。

这份报告是小王的产品研发小组成员花了三天时间整理出来的。小王不明白的是为什么一开始管理者或者产品经理不直接说明沟通的目的，害得他多花了将近两个小时的宝贵时间。

如果一开始能把沟通目的说清楚，这样就可以省下很多时间。在小王的时间概念里，沟通成本是非常重要的一个因素。

通过这个故事，我们要清楚，管理者要掌握沟通技巧是很重要的，但是沟通的前提也很关键，那就是在一开始就说明沟通的目的。

没有目的的沟通，无论你怎么使劲，都是白费功夫。花费了太多时间，只是沉浸在“沟通顺畅”的假象中，实质则是双方都在耽误时间。

2. 你说的那些大道理，员工真的听懂过吗

我曾经亲身经历过这样一件事：

我曾在一家公司担任运营咨询顾问，当时我手下有几个人，我们是一个小团队。团队中有一个成员，我们暂且叫她A女士。

A女士在我的团队中不算是最有才能的，但是却非常努力。我让团队小组长做她的上司，直接带她。结果不到两个月，小组长就提出带不了A女士。后来在没有人带领的情形下，A女士干得还算不错，工作逐渐有了一定进展，并开始独自负责一些业务。但是在她的工作中依然有很多问题，例如和团队成员之间毫无工作协调，甚至不服从团队安排，业务全部扛到自己一个人身上，等等。

于是，我开始从业务的框架上帮她梳理，从管理角度也跟她沟通过，甚至还帮助她分析个人的优势和缺陷，给她指出方向。最后，我发现每次和她沟通完，她都是点头表示听懂了。而且工作上的改进也的确会持续一阵子，但通常不超过两周，她就又开始按照自己的方式去工作。这让我一度很头疼，无论怎么让她发挥优势，正视劣势，依然无法稳定地输出团队结果。于是，我只好再一个人带她，但重复过几次之后，她依然如初。

后来，我开始自省，我突然意识到我和她之间的无效沟通的严重性。我想到了一件事情：管理者说的那些大道理，下属真的听懂了吗？

作为管理者，我们总是一味地认为自己讲的是对的，自己的观点是不可动摇的，和下属沟通的结果就是必须让对方服从。其实这不是沟通，这是命令。这样的沟通显然是无效的。这说明管理者根本没有站在对方的角度去沟通，而只是站在管理者的高度上去俯视对方。

3. 总是站在猜测的角度去沟通

在一个企业的管理中，沟通应该是透明的，也必须是真诚的。很多管理者之所以遇到沟通无效，是因为在遇到问题时不采取直接提问的方式，而是去猜测。换句话说，你总是去揣测员工会想要怎样的方案，或者猜测员工可能是因为什么导致没有工作效率。

记住，永远不要用“我以为”去代替对方的想法，哪怕你的这种认为是正确的，也不要将其强加在沟通上。

此外，管理者在沟通中，表达出自己的想法后，还需要确认对方是否已经准确接收并理解你想表达的意思，有没有什么意见或补充，即使你已经认为对方态度上是认同的，也要进行确认，因为对方很可能是表面应承，实际在内心当中并不认同。

4. 带着情绪沟通，问题始终无法解决

沟通的过程是表达出自己的想法和意见，而不要在其中裹挟着情绪。管理者如果带着情绪去沟通，你说出来的话就算是有建设性的，在对方看来也可能是一面之词。

带着情绪的沟通缺乏的是理智。理智沟通的前提是，你在考虑了事情的各个方面之后需要综合分析，并结合自己的想法和对方的意见，给出一个你认为最好的意见。这个意见或者看法，应该是具有建设性的，而不是一味地只是为了驳斥对方。

当然，如果对方情绪出现了失控，那么可以选择换个时间再进行沟通，因为当前不再是最合适的沟通时机。

沟通的核心目标：强化执行力和提升业绩

彼得·德鲁克说过："好的沟通是成功的一半，好的沟通，才会有好的执行。"

没错，通过好的沟通，我们可以在工作中、执行中分清轻重缓急，员工也好，管理者也罢，才能有条不紊地推进工作开展。

我们先来看华为的一个经理写给自己下属的一封电子邮件的节选内容。在这个节选内容中，这名经理告诉了这名员工应该如何提高效率，如何快速成为独当一面的员工。

内容节选如下：

接下来我想简单告诉你：我，以及像我一样的管理者，想要的是什么样的实习生和下属。

·在我面对面跟你交代一件事的时候，你要梳理清楚做事的重点，然后说：明白了。要说得斩钉截铁，干脆利落。

·在我用微信给你交代工作的时候，你要理解任务，并且第一时间回复：收到。我心里才会踏实。

·在我或者其他前辈给你讲一件事的时候，不要急于表达自己的想法。你要先全部听完，等对方讲完了，再表达你的看法或者发问。

·在开会和讨论的时候，你要记下相关事宜，记在本子上，因为你不可能靠脑子记住所有的细节和灵感。

·在执行工作，尤其是需要其他人配合的时候，你要多思考、多询问，没有人会讨厌好学、努力的人，只要你够谦虚，你的“老师”就会很多。

·在上交工作的时候，你要超出预期，不需要每次都以达成目标为上限，但是如果你不能超出预期，你的职业发展空间，也就这样了。

其实我知道你想成功，但是你不知道怎么获得成功，不知道问题出在哪儿，内心着急却没有办法。

我们既然有缘共事，我既然看好你，就花点时间告诉你这些事。

成功，或者说，做一个成功的职场人，你要做到的、要规避的，其实还是那些烂大街的条条框框，所有人都知道，只是极少有人能够做到。

做到会很累。抵抗累的办法，是自己有目标、有梦想，有科学的工作理念和方法。

通过这封电子邮件，我们不仅可以看出身为华为员工需要学习和掌握许许多多的工作方法，更明白了华为的管理者如何和员工进行沟通。这也是华为员工工作效率高的重要原因。

没有沟通的蛮干、盲干、瞎干都不会得到高效能，只能让你越忙越累，久而久之工作效率会越来越低。真正的高效能精英需要的是在有效沟通的基础上，采取行之有效的方法。

1. 强执行力的背后是沟通的三大要素

想要有一个高效的执行力，必须要有一个高效的沟通。这需要管理者遵循三个原则：

第一，逻辑清晰。

一个沟通如果没有逻辑，员工很难看懂、听懂，浪费时间之余不仅无法实现高效工作，更无法获得很强的执行力。

第二，重点突出。

无论是管理者还是员工，在进行沟通时，都应该把握沟通的主旨和重点。对于这一点，尤其是员工在向管理者汇报工作时，更应该如此。

第三，要有结论。

整个沟通的内容不仅要全面，更要得出结论。譬如，管理者在沟通最后经过讨论拿出了一个方案，并快速做出决策，员工才能根据这个决策去进行执行。

2. "总分总"的沟通更高效

管理者与员工进行沟通时，最好采用"总分总"的方式，这在结构上更能强化讨论的工作内容，也能让管理者快速对员工的建议作出处理。

下面看一下"总分总"的具体概念：

（1）总——提出观点

作为管理者，在沟通一开始就要表明观点，这样员工才会在第一时间知道你要干什么。

比如我曾接触过一位阿里巴巴负责网络推广方面的员工，他每次在项目开始阶段都会和团队一起做研发和预算，然后在和总经理沟通时，总是会先告诉总经理这个月的预算是多少，这就是每一次沟通一开始需要提出的一种观点。

当然，管理者也应该这样做。即在进行会议沟通时，首先就要提出自己的观点，我建议管理者使用开放式的问题作为开端。在沟通起始，以“我想与大家探讨一下 XXX 这个问题”等类似的方式展开沟通，然后再把所掌握的论据一一加以阐述，这样的方式不仅可以让员工在短时间内就知道你的观点，而且还能够激发员工为你提供更多的方案选择。

（2）分——提出依据

在沟通中提出观点之后，还要用依据来支撑，否则管理者的沟通就只是一句空话。

还是以上述阿里巴巴员工为例，假如这个员工在沟通中提出这个月的预算是 100 万元，那么他在沟通中就要告诉管理者，这 100 万元究竟花在哪里？具体如何分配？阐述的过程可以具体化一些，如官网 SEO 优化预计花费多少钱，推广花费多少钱，外网报道需要花费多少钱，等等。

此外，在沟通中，还要做好重点标记（见图 5-1），例如这个项目计

图 5-1　沟通中做好标注

划中做了哪些调整，为何要调整，有何依据，等等。

（3）总——提出结论

一个高效的沟通必须要有结论，否则管理者很难做出决策。只有立足于充分和高效的讨论和沟通，管理者才能客观并快速地做出判断。这样的沟通会为管理者和员工节省大量时间，也会让亟需解决的问题得到快速解决。

3. 高效沟通需要注意的事项

沟通的核心目标就是强化执行力和提升业绩，那么沟通时就需要掌握一些技巧。只有掌握了这些技巧，才能让沟通更高效，更能助力执行。

第一，沟通拒绝讲空话。

这一点尤其是对管理者而言，沟通不是展示理想的过程，也不是宣扬姿态的时候，因此，必须要秉持认真的态度，实事求是，这样才能让员工对你的沟通目的了然于心。

第二，沟通拒绝讲废话。

废话太多的沟通会浪费员工和自己的有限时间，从大的方面来讲就是浪费公司的时间，也会降低工作效率。

在德、日、美等发达国家的大型企业中，管理者的沟通工作往往是高效精英提高工作效率的一个保障。这些高效精英注重沟通，秉持认真的态度，努力遵循沟通的三大要素和总分总的沟通结构。实际上，这样进行沟通不仅能快速解决工作中的问题，提高效率，更能让管理工作有序进行。

搭建一个有趣的内部社交系统

在一个企业内部，或者说一个团队中，员工也好，管理者也罢，每天面对的人都很优秀，很努力，如果你仔细观察你的团队成员，你会发现他们的一言一行乃至一举一动，都有值得学习的地方。作为管理者如果能够将这些人才优势整合起来，那么你的团队就会是战无不胜的，工作效率也会快速提高。当然，这需要管理者做点什么，例如搭建一个有趣的内部社交系统，让大家联动起来。

比如在华为，有一种内部社交系统非常有意思，他们将工作和内部社交结合起来，员工可以借此互相沟通并且互相学习，为此还组成了一个“狼狈团队”。这里的“狼狈”不是贬义的概念，而是一个适合团队出击的重要方式。

众所周知，狼的前腿长，后腿短；狈则相反，前腿短，后腿长。狈每次出去都必须依靠狼，把它的前腿搭在狼的后腿上才能行动，否则就会寸步难行。狼善于执行，狈精于策略，相互合作可以取长补短。所以才有了“狼狈”组合。想要实现这样的组合，需要的就是沟通。

华为的研发与市场系统分别建立了一套适应狼生存的组织架构和机制，这样可以吸引大量具有强烈求胜欲的进攻型、扩张型员工和管理人才，激励他们像狼一样不顾一切地捕捉机会，扩张产品与市场。与此同时，华为还培养 了一批善统筹，会建立综合管理平台的狈，为狼提供支持，给狼出谋划策，以支持狼的进攻，形成“狼狈”之势。“狼狈”为一体，默契配合，在行动上表现出了强大的高效率。

任正非认为，想要让这个团队机制越来越强大，就必须要不断培养新的“狼”。而这个过程不仅需要通过培训来实现，还需通过内部社交沟通来实现。这也就是为什么管理者需要在团队内部搭建一个社交系统的重要原因。

1. 学习华为的“一杯咖啡吸收宇宙能量”的法则

在谈到沟通时，我通常愿意以华为作为案例来讲，因为华为在这方面的确做得非常好。

很多人不明白华为人的效率为什么那么高？事实上答案很简单，原因在于华为人能够在最大程度上做好沟通，而且这种沟通的成功之处很多都体现在细节上。

在华为，爱喝咖啡的任正非曾提出“一杯咖啡吸收宇宙能量”的想法。这是什么意思呢？我们先来看一下任正非对此的理解。

在任正非看来，华为的所谓高端技术人才、干部一定要多参加国际高端会议，多与别人喝咖啡交流，在轻松愉快的氛围下，可以听到世界最高端人才的讲话并领悟其中的真谛。向上是大喇叭口望着星空，吸收宇宙能量；向下通过喇叭口将信息传达给华为更多的员工……培育未来的土壤。这两个锥形体连接在一起就是一个拉法尔喷管，拉法尔喷管就是火箭的发动机，能产生强大的动力，有了它火箭就上天了。这样，华为的未来才会像火箭发射器一样，充满向上的动能。

事实上，“一杯咖啡吸收宇宙能量”，已经成为华为连接内外的特殊沟通法则，这不仅体现在高端人才、干部层级的沟通上，更体现在华为的基层员工、助理、普通职员、秘书、业务员、主管等等方面的沟通中。

显然，用喝咖啡的形式，华为搭建了一个非常有趣味的内部社交系统，从而可以实现良好沟通。

（1）让员工之间以喝咖啡的方式沟通

企业是一个需要不断学习和进步的组织机构，没有这一点，企业会越来越落后，直至被淘汰。管理者可以学习华为，在内部打造一个“咖啡厅”或者“咖啡角”，让员工们可以以喝咖啡的形式聚在一起互相学习、互相沟通，增强自己的“内力”。

管理者也可以参与其中，可以与大家坐在一起喝咖啡讨论问题，同事之间，尤其是搭档更是如此。同事之间坐在一起喝着咖啡，彼此之间聊聊工作上遇到的问题、难题，还可以借机交流一些经验等。这种环境不但轻松，而且还十分有趣味，员工一定很喜欢这种沟通方式。

（2）喝咖啡时要说出想法，强化学习

在沟通法则中，“说出来”是一个重要的过程，没有这个过程，沟通也就无法实现。在实际生活中，我们也不乏看到很多高级技术人员通常是在家里进行工作的（SOHO 模式）。但这种方式只能在某些方面提高员工的技能与效率，并不能全面地让员工进步。而且这类员工一旦参与会议或者专业研讨会，往往会表现得很拘谨，也很难承担一些重任。

所以，管理者必须要意识到这个问题的严重性。用一杯咖啡的时间进行沟通，交流工作上的问题，鼓励员工说出自己想法的同时，多汲取别人的经验和方案，这不仅是一个沟通过程，更是一个强化学习的过程。

不仅是华为，在谷歌、Facebook、微软等国外大企业中，也经常会以这种有趣的形式进行内部沟通。在谷歌，公司提供当地最好的咖啡，员工们一边品尝美味的咖啡，一边互相学习沟通。这样的沟通会在质量上大大提高，让问题可以在沟通中解决，同时也能使员工互相之间汲取更多的高效能量。

2. 利用新媒体社交组织形式搭建团队沟通

当下是一个社交时代，微信作为传统与新趋势碰撞的社交软件越来越成为人们工作和生活中不可缺失的一部分。管理者必须要打破传统，借助微信等新型社交形式来搭建团队内部的社交平台。最典型的方式就是建立工作微信群。

对于初创的新企业来说，建立一个群是再合适不过。首先，在这个微信群里，大家可以自由发言，还可以对遇到的问题随时提问和沟通。

其次，通过微信社群还可以加强团队内部的情感交流，例如节假日或者成员过生日时，可以在微信群内采用发红包、玩游戏等方式来实现活跃的互动沟通，增强成员之间的感情连接。

最后，还可以借助微信群来实现随时随地的紧急通知。例如初创公司往往会碰到一些突发状况，这时候如果大家恰巧没有在工作岗位，就可以及时通过微信群来完成联系和沟通。还可以采用微信视频的方式，通过视频会议的形式来详细沟通。

当然，利用微信群的方式不应局限于一个群，还可以建立多个群，例如公司群、团队群、部门群、项目群等等。这些都可以让内部社交开展得更加丰富有趣，让沟通也更加便捷高效。

发现“沟通漏斗”，就把它倒过来

从传统的沟通概念上来看，在管理中有一个“沟通漏斗”的原理：

管理者想表达的是 100% 的内容，然而在与团队成员沟通的时候却只能讲出 80%，因为这会受到工作场所干扰、环境分神等多种原因的阻碍。而对成员来说，听到的最多只有 60% 的内容，能听懂的部分只有 40%，最后真到执行时就只剩下 20% 了（见图 5-2）。

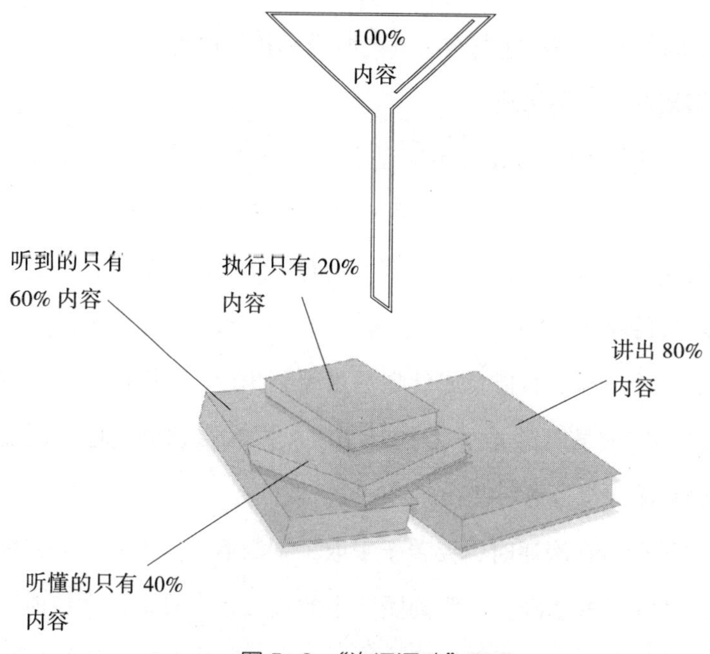

图 5-2　“沟通漏斗”原理

这就像一个漏斗，当管理者提出的想法如同手中所握的沙子般漏掉的时候，最后的执行能到位吗？显然不能。那么应该如何解决这个问题呢？答案就是把沟通的漏斗倒过来。具体可以按照下面的办法进行。

1. 管理者要注重引导员工的思路

在沟通中，之所以会出现“沟通漏斗”是因为管理者一上来就提出自己的想法。实际上想要获得高效沟通，管理者需要先注重引导员工的思路，就是要能站在团队成员的角度，着重沟通对方能听懂的 40% 和能执行的 20%。切记不要将某项指令或计划的所有事项一股脑地传达给自己的下属。

管理者如果站在员工角度换位思考就会发现，员工的理解力、知识面和技能等是有限的，所以管理者在沟通时要化繁为简，学会换位思考和审视，从员工的角度，去和他们沟通其能听懂和执行的想法。

2. 了解团队，个别沟通

管理者还要清楚一项任务不应是听懂了 40% 和仅执行了 20%，而应是 100% 的，那剩下的又如何是好呢？这需要管理者在沟通时，注重了解自己的团队成员，然后通过个别沟通，从而建立权责清晰的合作模式和树立合理的团队目标。

要想让一个 100% 的指令或计划尽量得到 100% 的执行，就必须学会分解，即让一些成员听懂 40% 及执行 20%，同时在这个过程中还要让另一些成员能听懂和执行另一些 40% 和 20% 的任务。

这需要管理者在沟通时，要善于采取个别沟通。这需要建立在你充分了解自身团队成员的基础上，明确团队中的成员各自具备什么技能，每个成员的优势是什么，执行能力的强与弱，互相之间是否配合完美，等等。

3. 沟通对话一定要明确主题

在沟通中，想要避免“沟通漏斗”现象的出现，就必须要保持谈话的主题清晰明确。换句话说，就是没有必要进行废话连篇的沟通，这包括工作验收、自我检讨等等。而是需要在沟通时，通过反复强调，保持主题明确，时刻让员工知道这个沟通的主题是什么。

4. 让团队了解自己

作为一个管理者，不但要了解自己的成员，也要尽可能让团队了解自己。如果身为一个管理者，能让团队成员清楚地知道自己的做事风格和目标要求，以及检验标准等信息，团队成员们就会努力地向自己所要求的方向上去看齐。

当然，这也对管理者自身提出了更高标准的要求。事实上，只有具有高执行领导力的管理者才能借助自身做事风格和内在影响力，带出具有高执行力的团队。

显然，管理者不仅需要向上管理、向下管理，还需要管理好自己，并且还需要为自身团队的执行绩效辅以相应的管理措施。

5. 换位思考，才能沟通协作

在沟通中，换位思考，互相包容是一个非常重要的基本原则。

包容的根本其实是换位思考，管理者要明确，在工作中、沟通中产生矛盾是不可避免的。但只要在工作中不断进行换位思考，从企业的整体利益出发来作出判断，那么就能使团队形成信任。

管理者需要明确，当你的团队成员不满意你的做法或者不配合你的工作时，你应该先检讨自己，要学会站在对方的角度去看问题。

管理者的换位思考就是要多了解团队其他成员的业务运作、工作流程等情况，多从员工的角度审视问题，要理解员工的难处，这样才能做到沟通无间。

在这方面，华为有一个做法非常有效，那就是岗位轮换（也可以叫互相兼职），这既可以让员工学习到多种知识，很好地规划自己的职业生涯，也可以让各部门的员工站在更高的职位角度去思考问题。

同理，在苹果公司也有一种有趣的沟通。在苹果公司里，人们几乎看不到管理者和成员之间的矛盾。因为苹果公司的管理很透明，员工彼此之间的沟通是非常合理科学的，就连区域销售经理也通常会站在普通业务员的角度思考问题。大家在这样的环境中工作，工作效率自然很高。

有了共同目标和包容心之后，员工就会在沟通上更加高效，这种高效沟通使团队之间的信息可以有效地流通起来，每个员工的工作效率自然会提高很多。

日常工作安排要量化到指标

沟通的最终目的是为了达成团队目标或者项目目标。很多管理者却往往忽视这一点，认为沟通就是要让大家都喜欢、认可、赞同自己，并且让团队和和气气。实际上，就算大家都夸你是一个好老板，但是工作目标无法达成，这样华而不实的沟通又有何用呢？

真正有序的管理是要借助沟通，交流工作，实现团队目标。明确这一点，管理者就能更好地把握沟通的分寸了。

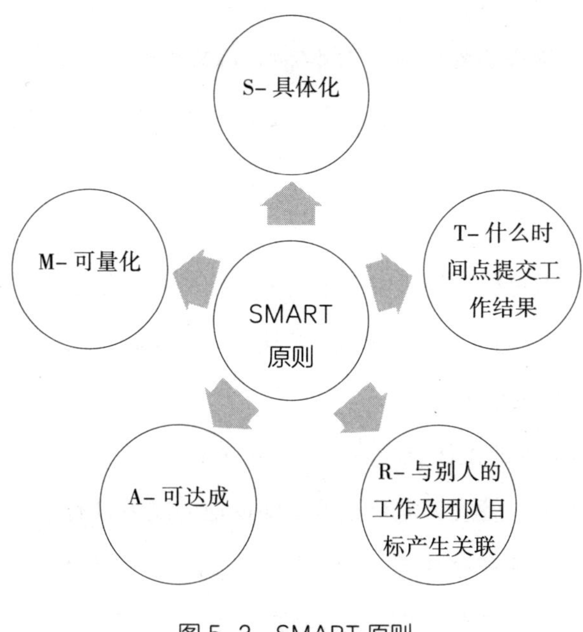

图 5-3　SMART 原则

1. 工作沟通的两大步骤

首先是工作安排。这也意味着管理者务必要在工作沟通中，尽可能地去把握工作目标。这时候，管理者可以借助“SMART 原则”来进行沟通，如图 5-3 所示。

S——具体化：

打个比方，在沟通中，将“好了，你去工作吧”这句话换为“你今天的任务是 XXX”。

很明显，后者的说法是更加具体的工作安排，而前者则比较笼统，不利于工作沟通顺利进行。

M——可量化：

再打个比方，上述“你今天的任务是 XXX”这句话，可以更加量化一些，比如说：“你今天的任务是需要完成 XXX 中的 XX 项”。这样就将对方工作的目标量化到一个具体的数字，如此一来，员工才能更加清楚自己的目标。

A——可达成：

对于这一点可以这样理解，把对方工作的量化目标表达为“如果你今天能够完成 XX，明天给你发奖金”。这是一个激励模式，更是一种不可多得的可达成目标的沟通方式。

R——与别人的工作及团队目标产生关联：

在这一点上，管理者需要让员工知道他的能力具有怎样的价值，要体现出对方的成就感和存在感。例如采用“只有你完成了 XX，公司才能继续运作”这种沟通方式，可以大大激励员工。

T——什么时间点提交工作结果：

这是指上述所有沟通中一项工作完成提交的截止时间。在沟通中，不但要量化指标，还要给对方一个完成时间的限定。

其次是工作检查。在工作过程中，碰到一些关键节点，管理者要主动去检查工作的质量和结果。这个过程也可以通过沟通来完成。

在检查过程中，如果发现问题，管理者需要用启发的方式让员工发现自己的不足和需要解决的问题。如果不是出了非常大的问题，尽量不要站在批评的角度去指点员工的工作结果。因为，检查的目的不是为了批评员工，而是为了让他之后能做得更好。这也是工作沟通的一个要点。

2. 用“5W1H”方法量化目标

在沟通中，为了确定目标，管理者需要借助“5W1H 法则”，如图 5–4 所示。

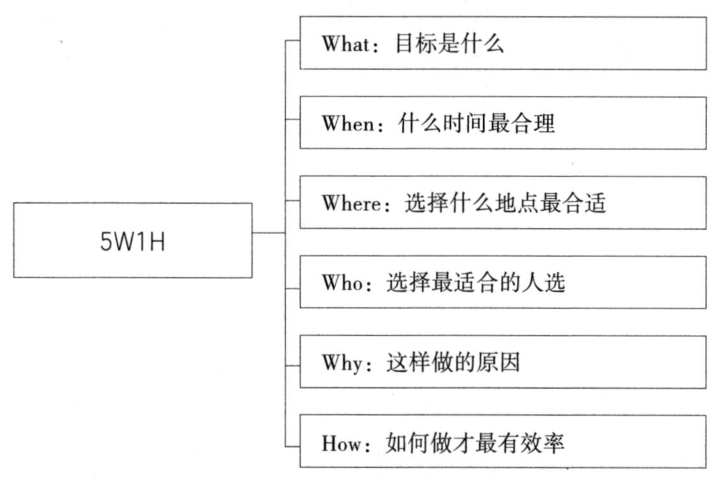

图 5-4　5W1H 法则

（1）What——目标是什么

在制订计划表前，先明确制订计划的目的，包括前提条件、操作方法、执行重点、相关联的问题及具体工作对象等，并将这些问题及答案写在一张纸上。

（2）When——什么时间最合理

在这个环节中，管理者需要确定下面几点：

①目标计划具体的起始日期、结束日期；

②确定各阶段内要完成哪部分的工作任务；

③确定一旦出现意外情况，可接受的目标达成的最后限期和能采取的应变措施。

（3）Where——选择什么地点最合适

实际上完成目标的地点也很重要，这属于“地利”因素。例如设定目标之后，在哪里设立采购点更便于工作开展等等，都需要考虑清楚。

（4）Who——选择最适宜的人选

当一个任务设定之后，管理者还要考虑到这个任务的重要性和任务工作数量的多少，以便选择合适的员工来完成任务。因此，目标设定后还要关联到实施的对象，这也与目标、效率的达成息息相关。

（5）Why——这样做的原因

我们需要在做目标规划时，多问几个为什么。例如为什么现在进行这项合作？这项合作能带来哪些收益？这个项目是不是符合市场？等等。

（6）How——如何做才最有效率

如何操作才能让工作目标以最快速度实现？如何操作才能更省时、省力？如何做才能避免更多失误？这些都是管理者在目标沟通以及明确目标的过程中，必须要始终坚持的原则。

3. 总结沟通

管理者要提倡大家对目标完成的情况进行总结沟通。例如，一个销售团队的成员需要在本期工作末端做上期工作总结，总结的内容主要是针对上期的销量目标及销售达成状况、竞品反馈、市场状况等作一个总结。总结中既要有取得的成果，更要找出工作中遇到的问题，并初步计划下个阶段的工作内容及工作重点。在这个过程中，管理者会就整个团队的业绩达成情况作一个综合报告。

通过这种充分的交流和沟通，团队上下均能对当前的销售状况有充分了解，这就能在最大程度上消除信息不对称的现象，也是上下级之间相互理解、相互协调的具体体现。

总结之后，管理者还需要与其他有关同事共同协商，选择和确定自己团队的业绩目标。管理者在制订目标时，要根据所掌握的信息包括以往的数据、行业趋势、竞争状况、特殊事件等内外部因素进行分析；团队中的小组长乃至成员还要熟练运用SWOT分析、BCG矩阵、回归分析等科学方法和工具进行详细的分析论证，最后制订出合理的、可行性较高的下一阶段整体团队目标。

此外，团队成员还需要根据个人、团队和公司的总结，重新分析自己负责的区域市场，订立各自的计划目标。这样做的意义在于可以让员工在理解公司的经营目标和经营状况的基础上，将自我目标与公司发展规划协调一致，从而在以后的工作中也能有一个明确的方向。

画了那么多年的鱼骨图为什么还有效

作为管理者，当你需要和员工进行工作上的沟通时，你会怎么做？下面是两个常规答案，如图5-5所示。看你会选哪一个？

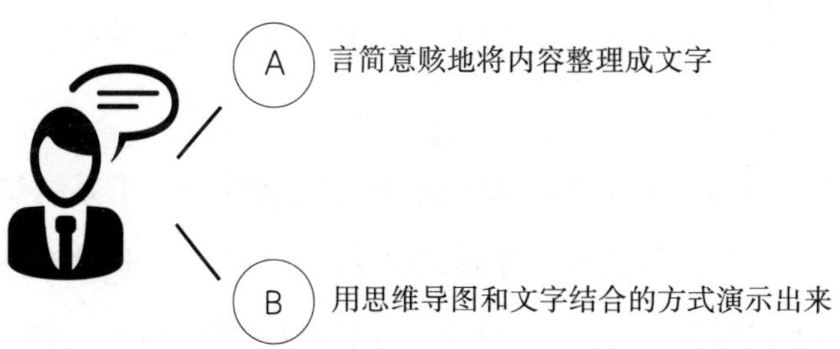

图5-5 管理者和员工沟通的两种方式

很显然，有些人会选择 A，另外一部分人会选择 B。事实上经过研究表明，图表演示是沟通中最直接，也是最有效的方式之一。一张简单的图表要比千言万语更能清楚、直观地表达你的意图和想法，让更多复杂的语言变得简单明了，这样的沟通才更具效率。

麦肯锡工作法中就有一条高效法则——图表演示。图表演示是麦肯锡公司多年来独步天下的一个法宝。它可以让很多复杂的问题变得直观简单，这也是世界 500 强企业和知名商学院均认可的技能。图表演示方式不但可以节省时间，更能以视觉冲击的方式直面问题，尤其是在与员工进行工作沟通时，能在更大程度上提高工作效率。

思维导图也是其中一种方式，而鱼骨图则是思维导图中最为经典，也是最便捷易懂的表现方式。

我有一个朋友非常厉害，他在一家外资公司担任部门主管。这家公司有一个规定：每月第三个周五的下午四点，是召开部门例会的时间。在这个例会上针对每个月余下时间的行动作出安排，顺便对下个月的安排进行部署。

由于我的朋友刚上任，需要了解的信息很多，并且要在第一次的例会上，针对当前行业现状和公司业绩做报告，以便确定新的方案。之前，很多人认为我这位朋友太年轻，而且刚从基层被提拔上来，资历尚浅，恐怕难以做好例会沟通。

会议之前，朋友先对当前市场现状和公司的业绩做了系列调查和研究，获得了大量资料。但是另一方面，朋友也十分苦恼。因为这些资料长达几十页，该如何精简地提炼、表达出自己的想法呢？后来，他决定借助鱼骨图的方式来进行整理。

最终在例会上，朋友将一份仅有三页纸的鱼骨图放在了每个员工的面前。员工们看到这份简洁清晰的报告之后，纷纷露出了敬佩的表情。

在会上，朋友使用投影仪，在大屏幕上将鱼骨图进一步深化和阐释。就这样多达几十页的信息被浓缩成了三张简单的鱼骨图幻灯片。在鱼骨图中，投资回报率的变化、市场份额的增长等，都一一呈现。

这次沟通会议最终不但快速做出了决定，而且在很大程度上节省了所有参会者的时间，大大地提高了工作效率。

从这一点就可以看出，繁冗的资料不仅让人在观看时，容易产生疲劳感，还会让人心烦气躁，造成时间浪费，严重影响工作效率。一个鱼骨图可以节省很多文字，让我们避免了长篇大论，避免了琐碎冗长，实现了一目了然。

那么，如何使用鱼骨图进行沟通呢？或者说具体的做法是什么呢？

1. 从思维导图开始

鱼骨图是思维导图的一种，因此，我们首先要从思维导图来进行了解。

思维导图顺应了大脑的自然思维模式，所以，思维导图可以让我们的主观意图清晰地在图上呈现出来。

在有序管理的企业中，管理者运用思维导图来与员工沟通是非常有效的方式。

思维导图早先是需要用纸和笔来实现的，但随着科技的进步，我们也可以在电脑、智能手机上快速画出思维导图。

下面我们以手绘思维导图为例，看一下其步骤：

（1）从一张白纸的中心开始绘制，周围留出空白；

因为从中心开始，可以让你的思维向各个方向自由发散，从而能更自由、更自然地表达思想。

（2）在绘制过程中配上颜色；

在绘制思维导图时，颜色和图像对最终的效果产生重要的影响。颜色能够给你的思维导图增添跳跃感和生命力，同时为你的创造性思维呈现，增添巨大的能量。

（3）将中心图像和主要分支连接起来，然后把主要分支和二级分支连接起来，再把三级分支和二级分支连接起来，以此类推；

在描绘思维导图的过程中把分支连接起来，更容易理解和记住许多东西。把主要分支连接起来，同时也就等于创建和呈现出你大脑思维的基本结构。

（4）让思维导图的分支自然弯曲而不是像一条直线；

从心理学角度讲，人们的大脑会对直线感到厌烦。曲线和分支．就像大树的树枝一样更能吸引人们的眼球。

（5）在每条线上都加入一个关键词；

（6）从头到尾巴串联起来，形成图形。

一个图可以代替一百个词语，因此，在做思维导图时，一定要注重图形的使用。尤其是整个内容中的最大的主题要以图形的形式来体现，即中央图。

这里推荐一些电脑软件和用手机就可以完成思维导图的 App，如日事清导图软件、XMind 导图软件、Freeplane 导图软件、TheBrain 导图软件、MindNode 等。

2. 鱼骨图沟通法

使用鱼骨图，首先要找到合适的模板。我以手机上的 XMind App 为例，来讲一下如何利用鱼骨图进行沟通。

首先选定一个鱼骨模板，如图 5-6 所示。

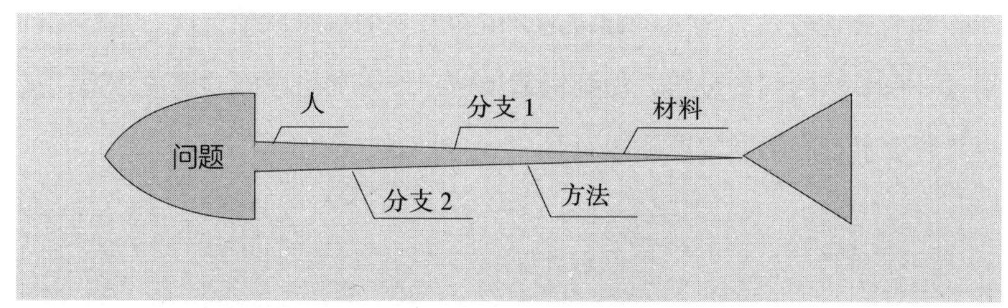

图 5-6　鱼骨图模板

第一步，确认问题。

企业里的沟通实际上是一个解决问题的过程。因此，要解决问题，首先就要把问题描述准确，不要用模糊的词汇，要把这个问题写在鱼头上。比如现在遇到了产品研发问题，要分析下是什么原因引起的，并找出一些解决方法，先在鱼头上把具体的问题放入其中。

第二步，发散思维。

接下来就要围绕模板上的一些小的细节进行发散，例如：人的问题、方法的问题等等。按照问题的分支分别来展开发散，只要你能想到的和产品研发相关的问题，都可以先列到鱼骨的分支上。

第三步，分析问题。

围绕上述列出的每一个问题进行深入探讨，这时候可以针对每个分支上的问题深入进行沟通和探讨，每个分支至少保留三个以上的小细节。例如产品检测，为什么会出现检测不合格；为什么检测人员当时没发现；为什么没有进行第三遍检测等，如图 5-7 所示。

这样针对每个问题都进行仔细分析，管理者和员工就能找到事情的根本原因，从而通过沟通得出解决方法。

鱼骨图比较适合多人一起讨论，就像常见的头脑风暴会议。这样可以通过一目了然的问题分析，做到快速沟通，最终拿出正确的解决方案，这也是管理者有序沟通的重要体现。

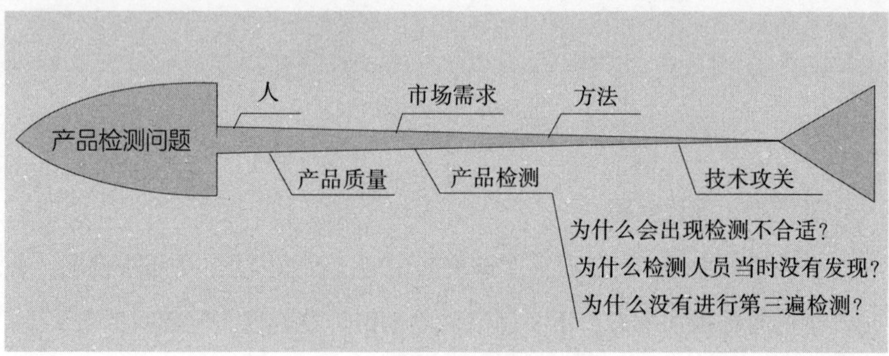

图 5-7　鱼骨图分析问题的细节

6 第六章

关系：团队内部真的如表面那样平静吗

团队的关系决定了团队是否稳健、强大，高效的团队总是属于那些内部关系和谐的团队。这主要是指团队成员之间的关系。如果团队成员之间表面和谐，暗地里却钩心斗角，这样的团队关系就无法促成整体管理上的有序。因此，团队关系的和谐稳定是有序管理的重要基础。

一个有序的团队关系是怎样的

如果世界整体是一个组织，那么国家就是其中的团体；如果所有行业是一个组织，那么企业就是一个个团体；如果企业是一个组织，那么部门就是其中的团体，而管理者与员工，就是团体里的个体。

团队内部的关系决定了团队是否稳健、强大。有序的管理离不开有序的团队关系。那么一个有序的团队关系应该是什么样的呢？

1. 管理者在团队中如何建立和谐关系

一个团队的有序成长和壮大，离不开管理者的组织，而首要目标就是要建立一个有序、和谐的团队关系。

管理者需要通过敏锐的洞察力了解团队成员的性格、特长，并且还要注重了解对方的感受。具备了这个前提，管理者会很容易与成员相处，也就容易形成良好的团队关系。

（1）管理者要主动与团队成员接触并共享信息

一个良好的团队关系的建立离不开主动。管理者既然是建立关系的人，那么就应该主动地与团队中的其他人进行沟通。

这要求管理者主动与团队成员交流，并且还要在成员之间主动分享信息。如果你的态度开放，愿意交流，很显然成员会对你印象很好，这对在团队中建立起一种友好、开放的氛围会是一个很不错的基础。

（2）让成员知道你在乎他们的感受

管理者在团队关系中需要对各种沟通方式，给予及时的反馈和回应。如图 6-1 所示：

图 6-1 管理者需要及时作出回应的几种沟通方式

这可以让你的团队成员感觉到你在乎他们，并且重视与他们沟通。

不管你喜欢哪种交流方式，都应该选择成员最先与你沟通的方式作出回应。例如成员用电子邮件向你发送了交流信息，那么你也同样要用电子邮件来向对方作出回应。这表示你了解成员的这一偏好，他会从内心感受到你对他的重视。这对一个团队的关系和谐是有很大帮助的。

（3）当团队成员面临挑战时，管理者要表现出同理心

在团队中，当你的一位员工遇到了困难或者挑战时，这时候最重要的是要倾听他的心声和理解他的处境，而不是一上来就指责或者发出指令。对团队成员来说，理解他并站在他的角度去同情他的遭遇，这比帮助他解决问题在一定程度上还要重要。

（4）理解和适应成员的工作风格和个性特征

这对所有人来说都是极其重要的，因为没有任何员工是一模一样的，每一个人都来自不同的文化背景，都有自己的价值观，都有不同的生活经历，正因为这些才让我们的工作场所变得丰富多彩。因此，在与别人一起工作时，必须对他人与自身的差异报以宽容。管理者要在理解的基础上去尊重员工的处事风格，然后在尊重的基础上去适应，这样才能有序地建立团队关系。

管理者如果做到了这些，一个团队的关系也就基本建立起来了，而且还会比较和谐有序。在这种团队关系中工作，不但成员之间相处融洽，工作起来非常开心，团队效率也会得到大大提高。

2. 德鲁克口中的有序团队关系

世界上最伟大的管理学家彼得·德鲁克曾指出，一个和谐、执行力较高的团队关系要满足四个特点（见图 6–2）：

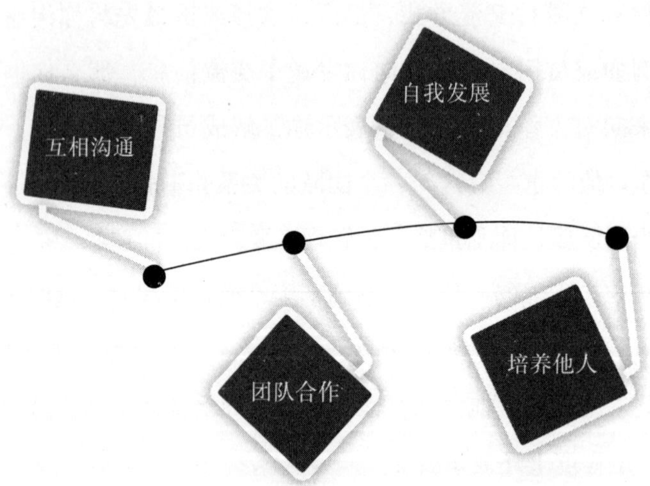

图 6–2　执行力高的团队关系应该满足的四个特点

这四个特点对管理者来说意义更加重大。管理者首先要注重沟通，而绝对不能成为一个只知道发号指令的人，并且还要懂得互相沟通，尊重员工的意见和想法，然后综合考虑，客观地作出决定。其次，团队合作也很重要，如果团队中每个人都各怀心事，那么任何一个项目也无法高效完成。因此，团队成员之间必须相互合作，共同解决困难，时常举行头脑风暴，然后共同做出决策和方案，这样的合作才能让团队更加高效。再次，好的团队关系还应该注重员工的自我发展，管理者要尊重员工成长，并且帮助员工成长，让员工能够在彼此学习和帮助之中互相提高，实现自我成长。最后，好的团队关系还需要有一个培训机制，让成员和管理者能够共同学习和提高，让成员越来越强大才是好的团队所具有的力量。

做到这几点之后，一个有序、健康、和谐的团队关系就建立起来了。

找准管理者在团队里的定位

一个人的力量再强大，也无法让整个公司处于战无不胜的地位。但是一个团队却可以做到。在提高工作效率这方面，不仅是个人要发挥出自己最大的能量，学习更多高效的工作方法，还应该注重激发团队的力量。任何一个企业，都不能只依靠“孤胆英雄”就做到长久立足。任何管理者就算管理能力再强，也毕竟是属于团队的一员，因此，必须要注重团队整体的作战能力，同时也要找准自己在团队里的定位。

在华为，流传着这样一个故事：

飞鸟带着一群猪去觅食，鸟越飞越高，它看到的视野也越来越大，当它看到前方有一片红薯地的时候，就拼命地对地面的那群猪大喊：“快，快，快，前面有一块红薯地。”然而，猪却无动于衷，因为它们的前方有一条过不去的河沟，最终根本无法觅食成功。

这个故事具有着现实意义。在实际工作中也很容易出现类似故事里的情节：管理者每天不停在骂着员工“笨得像猪一样”，员工也不知道管理者每天在想什么，就觉得管理者每天只会说着他们听不懂的“鸟语”。

出现这种情况的原因就是因为管理者把自己错误地定位成一个俯瞰一切的“鸟”，实际上，管理者在这个故事中应该做那个“领头猪”才对，带领大家一起跨越河流，到达红薯地。

对于那些初次成为管理者的人来说，一旦被提拔到管理岗位，往往会面对“自己到哪儿去了”的困惑，也就是面临常说的管理者角色定位认知和转换的过程。

原来只要管好自己，现在要管好一个团队；

原来只要做一件事情，现在要负责一堆事……

管理者的角色认知决定了管理者的工作成效，对一个新任职的中层管理者而言角色定位和转换非常重要。

1. 管理者要摆正自己是“主人翁”的心态

第一，管理者需要摆正自己是“主人翁”的心态。要时刻站在统筹全局的高度上思考事情，而不是只站在个人角度。

第二，居安思危，不断学习。一个管理者若失去了危机感，就会变得裹足不前，安于现状。等待他的只有被淘汰的命运。

第三，避免心态浮躁。当管理者遇到困难时，就算心情沮丧或者困惑，也不能在员工面前表现出来，始终要让员工看到管理者充满战斗力的一面。

第四，身先士卒。管理的价值衡量标准在于解决了多少问题，在问题面前没有“你，我，他”，只有“我们”，管理者必须要率先垂范、身先士卒，带领团队、共同改善。

2. 搞清楚自己的职责

管理者是一个小团队的领头人，必须要做带头冲锋陷阵的那个人，如果把团队看作一支球队的话，管理者就是队长。要想团队取得很好的业绩，那么首先要让团队迸发出最大的能量，为此，团队需要分工明确，有前锋、有后卫、有中锋，且要各司其职，同时又能够协同配合。

作为队长，不论是在场上还是场下，都要有通观全局的眼光和气度。当然自己也要以身作则，带头冲锋陷阵，提升团队凝聚力和士气。

总的来说，管理者要知道自己的职责是什么。主管必须成为使团队 1+1 ＞ 2 的润滑剂。

下面是管理者的基本职责：

第一，通过协调员工的工作，实现团队经营目标。

管理者工作的核心不在于“自己做”，而是“让员工做”，这是所有的管理工作的特点。

当然，管理者也需要亲自做一些业务工作，以此来掌控对市场的判断和具有感知市场的能力，同时也能对员工做出准确的指导。

第二，摸清员工的价值观。

管理者的职责之一是需要摸清楚员工的价值观。俗话说：“道不同不相为谋”。如果员工的价值观和公司不一致，那么团队凝聚力和战斗力自然也无法提高，团队关系也会变得更加糟糕。

第三，转化具体任务。

管理者不应该只是发号施令的人，还要把命令转化为具体的任务分工，并传达给员工。如果员工没有行动起来，说明管理者还没有尽到职责。

别让制度成为一纸空文

想要维持一个有序的团队关系，必须要有一种合理有序的团队制度。但是有些管理者虽然制定了很多制度，但却无法得到实行，于是制度就成了一纸空文。

1. 为什么要打造团队制度

现实当中，常常有管理者跑来跟我说，我就是老板，我说的话就是制度。对此，我认为如果团队这样管理下去，迟早会难以为继。我也见过很多管理者，手里明明握着一手好牌，却被自己的无制度管理而打败了，最后输得很惨。

为什么团队要订立制度？因为制度是让员工“重新做人”的系统工程。实际上这正是团队制度产生和存在的根本原因。

我们不妨反过来思考一下，团队为什么要定制度？就是因为某些方面不规范，有问题，最终影响到团队、组织的运营效率，所以需要通过订立制度明确和规范员工的行为，对从前大家习以为常的习惯行为作出改变。

任何人都不喜欢受到约束，而制度本身就是对人的约束，会让人不习惯、不舒服，甚至伤害到某些人的利益。有些员工可能会抱怨，我原来十点来公司也能完成工作，你现在让我八点半就到公司，这怎么成！

特别是对于自由、散漫惯了的人来说，管理者在定制度之前一定要考虑周全下列问题（见图 6–3）：

图 6–3　管理者在定制度前需要思考的问题

如果这个制度落实起来有难度，自己也没有太大的把握，就干脆不要定，甚至连说也不要说，否则，结果可能会让管理者丧失管理威信。

2. 订立和执行团队制度是对员工负责

聪明的管理者很清楚，制度就像是汽车生产中的拧螺丝，虽然拧紧需要费很大力气，但是只要咬紧牙关坚持拧紧，就会在最大程度上保障安全性能。

从一开始，团队按照严格的制度执行下去，那么久而久之团队就会形成按照制度自动运作的机制。如果制度执行过于松懈，慢慢地团队从细节上就会产生问题。随着问题越来越大，最终团队就会崩盘。

团队管理需要严格的制度，例如奖罚分明。一旦员工做错了事，就应该受到应有的惩罚。同理，做得出色者会得到相应的奖励，这样才能让团队有序健康发展。时间长了，团队成员的执行力也会得到提高，因此，订立和执行严格的制度对员工才是最负责的。

3. 制订团队制度的原则

管理者制订团队制度时，需要遵循下列几个原则：

（1）可行性

保证制度规范具有可行性、适用性，切忌不切合实际。

（2）公平性

制度面前人人平等，分工明确，奖罚分明。

（3）合理性

管理者制订的制度中要体现出严谨、公正、高度的制约性、严肃性，同时还要考虑员工的特点，避免不合理的情况出现。

（4）完整性

企业制度既要规范更要完整，因为企业的管理制度是一个体系，制度内容要求全面、系统、配套。

4. 团队制度的分类

一个合理规范的团队制度体系，包括下面几个制度。

（1）薪酬制度

管理者在制定薪酬制度时，不能只想着“钱、钱、钱”，更应该注重系统性，要考量到员工工作的价值。我们可以这样想一下：两名不同员工承担同样的岗位职责，创造出来的价值不同，一个创造了百万业绩，一个创造了千万业绩，那么薪酬是不是也要一样呢？显然不能一样。如果老板只是简单地按照职位等级来分钱，那么这样的薪酬制度只能说是片面的，显然是不够科学和系统。与价值挂钩、联系起来的薪酬制度才是系统合理的。

当然，与价值挂钩的薪酬制度需要公平，主要体现在内部公平和外部竞争力方面。薪酬分配的内部公平是薪酬管理的一个重要原则。很多员工往往不害怕工资少，但害怕工资分配不均。因此，要实现薪酬的内部公平，关键是要建立大多数员工都能认可的薪酬制度。如果管理者不重视这个问题，那么薪酬分配的方式不但起不到激励的作用，反而还会给员工造成消极的负面影响。做到这一点需要掌握三点（见图 6–4）：

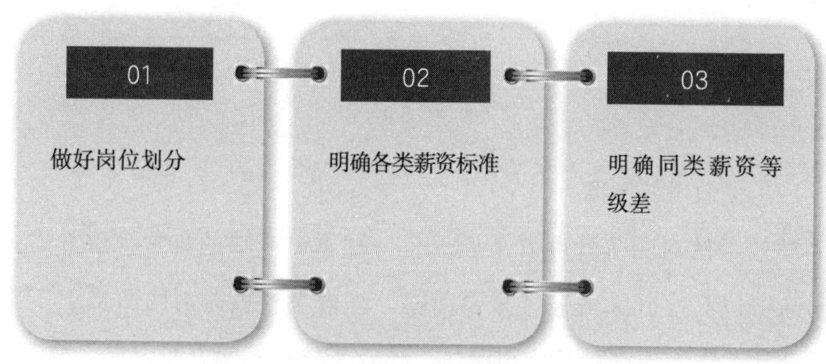

图 6-4　薪酬分配需要掌握的三点要领

当然，管理者还需要参考企业的外部竞争力来制定薪酬制度。管理者需要保持企业的外部竞争力，分清哪些岗位、哪些人才的价值最大，是企业需要关注、留住的，从而在薪酬分配上要向这部分人倾斜一些。

总之，薪酬分配制度的固定部分是用来留人的，其浮动部分则是用来激励的，适时激励也是薪酬激励的一个重要手段。这种激励应该与员工的价值适时地联系起来，这样的薪酬制度才能得到团队的一致认可。

常见到的薪酬制度包括这样几类（见图 6–5）：

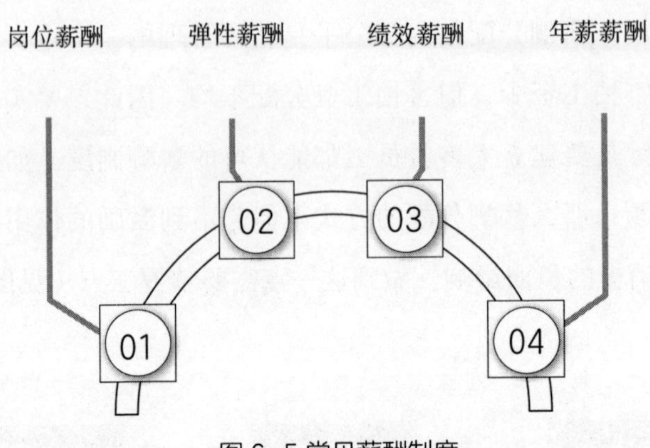

图 6–5 常见薪酬制度

（2）绩效考核制度

绩效考核对团队管理者来说，是一种不可或缺的科学管理方式，更是团队得以有序壮大的一个重要前提。绩效考核就是对团队员工工作业绩和日常工作表现进行考核和评估。绩效考核包括两方面内容，如图 6–6 所示。

当然也还有很多较为灵活的绩效考核方式，如四大评估方式：主观考核、自我考评、同事考评和员工考评，其也被称为“360 度考核”。此外还有 KPI 考核、BSC 考核、MBO 考核等等。管理者需要根据团队的特点和工作性质来进行合理运用。

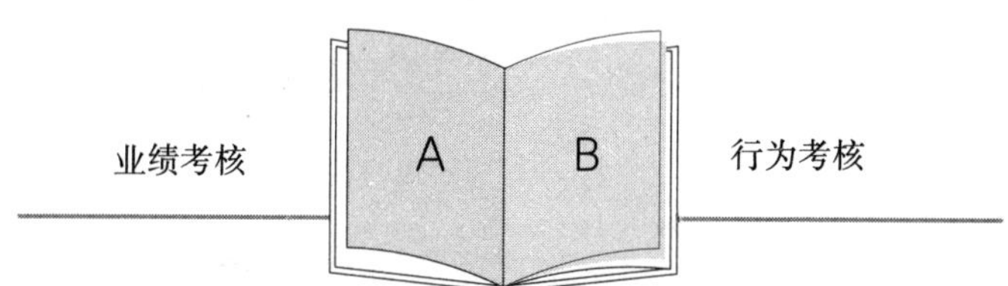

图 6-6　绩效考核包括的两个方面

绩效考核制度能够为企业搭建良好的团队提供帮助，同时一个健全和完善的绩效考核制度还能更好地提高团队的整体执行水平，也可以从整体上提升企业员工的素质和积极性，进而全面提升企业的整体效益水平。此外，绩效考核工作能否顺利开展执行也是管理者和成员共同努力的结果。

（3）奖励机制

曾经有一个年轻人向朋友抱怨说："别的朋友找到的工作，为什么到年底时，会有奖金，而我就只是每个月拿基本工资，年底什么奖金也没有。后来我找别的同事询问，同事告诉我说，公司没有规定。"再后来，这个年轻人向管理者递交了辞呈。

事实上，这样的团队很难留住人才。管理者必须要抓住并且驾驭员工对福利待遇的追求从而绑定员工的利益，通过建立最基本的，甚至是在市场中具有竞争力的福利制度（见图 6–7）来留住优秀人才。

总之，一个有序的团队离不开各种科学的制度，这是留住人才和吸引人才的重要法宝。管理者一旦建立了制度就要去执行，不能让制度成为一纸空文。

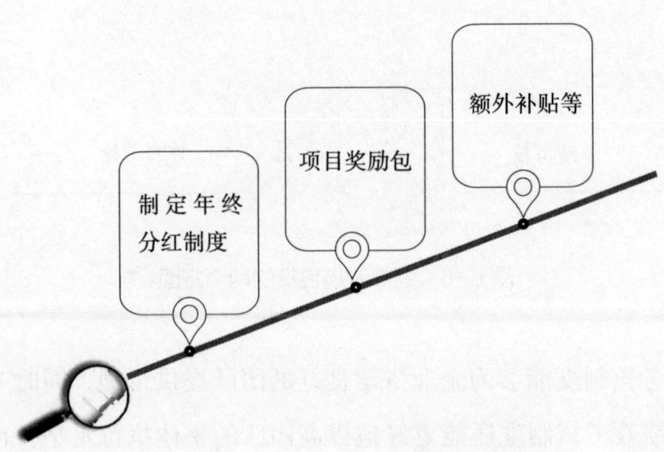

图 6-7　基本福利制度包括的内容

你发现员工的“明争暗斗”了吗

某电商公司举行年中聚会，在一家自助餐厅里面，大家热热闹闹地吃饭喝酒，饭桌上各部门同事之间谈笑风生，兴致大起。伴随着欢声笑语，看上去一片其乐融融的景象。这不由得让旁观者感叹这是一个多么融洽的团队啊！

然而，作为管理者，你真的以为你的团队内部如表面这样平静有序吗？

看一下不同部门同事之间的对话和心理想法，你就知道了。

场景一：公司后端同事和前端同事之间的对话

公司后端同事："听说你们部门这周要去海南团建，好嗨啊！真羡慕你们前端。"

公司前端同事："哪有，我们连续加班两个月，才换来这一周的假期。不过听说你们后端整个行业的工资水平又提升了很高呢。"

这是两个不同部门同事之间的对话，看上去非常和谐。但其实，彼此间内心的想法完全不同——

公司后端同事的心里话是这样的："工资水平提升！什么鬼，那还不是因为我们后端人手少，干的活儿太多了。全公司，我们加班最严重。现在大公司，像思科、英特尔等随着云计算的应用，都在进行裁员，裁员中有 70% 都是后端开发人员。我们做后端的生存环境非常不乐观，加班能加到累死……"

公司前端同事的心里话则是："现在前端每天被产品线催来催去，每天改来改去。而且在你们后端看来我们前端就是做页面，写 js，我们前端凭什么要做技术工种里面鄙视链的最末端。做 C 语言开发的看不起做 C++ 的，做 C++ 的看不起做 java 的……我们前端招惹谁了？"

场景二：文案和设计的对话。

文案："上次你们设计的产品海报真的很棒。大家都夸呢，真心感谢。对了，这周我们策划了一个新的项目，还请你们要多多协作啊，周五给我设计方案就好了。"

设计："好的，周五没问题，如果你们能把文案确定下来，这周四就可以搞定。”

表面上文案同事和设计同事非常协作团结，其实各自的内心想法却非常不同。

设计的心里话是：“上次的海报做得真棒？真是笑话，是谁要来来回回修改，最终还不是用了第一版？你们文案整天说我们的设计没有表达出那种感觉，说看不懂。我也不懂你们啊，求你们别说感谢我们了，你的一句‘感谢’，我就知道下一个项目又要折腾了。”

文案的心里话则是：“让我们先把文案定下来？开什么玩笑，我不想定下来吗？可是看了你们的烂设计稿，我们的灵感说没就没了。还说周五没问题，你们什么时候准时交过稿？我不盯着你，估计你们设计部又在打游戏。真搞不懂你们是怎么做设计的！”

看看吧，你的员工们每天都在上演这样的戏码。但是表面上团队却维持着平静有序。管理者必须要对这种状态予以足够重视，并且要想办法让团队关系变得真正有序和谐起来。

1. 使员工责任明确化，同时建立跨部门协作的方式

很多人觉得自己辛辛苦苦工作，除了没日没夜的加班还是没日没夜的加班，不但看不到未来，而且还一直为公司里的老员工干活。这也是内部责任、分工不平衡的一种重要现象。这种现象也反映出很多公司存在着厚重“部门墙”的问题。由于存在对部门高频率的考核，所以部门主管只关注小集体的利益，利用新员工加班加点完成项目。因此，不适当的分工和局部考核，导致没有员工会真正关心公司的长期收益，人们更多关心的只是短期内能看得见的收益。

在这种环境中，部门之间就很难展开配合。

因此，企业管理者必须要让每个员工责任、分工明确，同时，还应该建立便捷的跨部门流程。

一流的工作流程就像作战时的地图一样：哪个连队负责情报侦查，哪个连队负责导弹发射，哪个连队负责强攻，哪个连队负责掩护……只有高效一流的流程才能破除部门壁垒，才能实现陆海空协同作战的目的。

许多企业出现效率低下，团队内部不团结，管理无序，就是因为很多跨部门的工作推进存在困难，因为他们的角色职责不清晰，导致在运行的过程中出现大量拖延、推诿等现象，这也是很多公司在项目研发时会遇到的情况。

以开发新品为例。在新品开发中研发、生产、采购、财务、市场……他们的角色职责是什么？何时参与？都有哪些活动？输入输出是什么？而这些只能依靠一流的内部流程加以明晰。

让每个员工都能发挥最大能动性，争取最大的效益，这样不仅对自身有利，对企业而言也会带来较大的效益提高。

2. 换位思考

想要让团队内部保持有序的关系，需要一个前提，那就是做到换位思考。这不仅需要员工之间换位思考，管理者也应该适当和员工换位思考。部门与部门之间也是如此。在工作中部门之间的矛盾是不可避免的。但只要在工作中不断进行换位思考，从企业的整体利益出发来判断事情，那么就能对其他部门产生信任，并选择配合。

对部门管理者来说，换位思考就是应该多了解其他部门的业务运作情况，多从其他部门的角度考虑问题，要理解其他部门的难处，这样才能做到高效沟通。

苹果公司是一个高度开放的科技公司，在苹果公司内部，人们几乎看不到销售团队之间因为争夺客户而互相“争斗”的场面，也看不到基层职员为获得一个批文而层层跑关系的场景。苹果在中国区域的一名业务员表示：“苹果公司的部门很透明，彼此之间的沟通更是非常合理科学，就连区域销售经理也通常会站在我们普通业务员的角度思考问题。大家在这样的环境中工作，工作效率自然很高。”

有了共同目标和包容心之后，员工就会在工作上更加高效，并通过构建良好的关系使企业各部门之间搭建起高效合作的桥梁，从而共同推动企业向前发展。

始终要站在导师的位置上做管理

管理者在团队关系中承担的角色对有序管理有着很大影响。我们先来看一下星巴克的管理。

从 1987 年西雅图的一家街头小咖啡馆开始，星巴克之所以能够发展到现在的规模，除了它的品牌经营相当成功，团队建设也功不可没。星巴克的团队核心文化是平等快乐，管理者始终以一个心灵导师或者朋友的角色做管理。下面我们就来看一下他们是如何创造奇迹的。

首先，管理者没有架子。

星巴克无论是创始人霍华德·舒尔茨，还是任何一家分店的店长，从来都不会认为自己比普通员工有特殊权利，他们认为自己只是从事着计划、安排、管理的工作。

星巴克的国际部主任，每次去国外店里巡视时，都会和店员一起上班、做咖啡、打扫卫生等，完全没有架子。

其次，管理者如同导师一样分配员工的职责。

星巴克的店长比任何人都了解自己员工的特点，然后会根据他们的特点去安排职责。比如有专门负责点餐、收款的，有主管咖啡制作的，也有专门管理内部库存的，等等。但是职责不同的每个员工对店里每个工种所要求的技能都接受过培训，因此在分工负责的同时，又有很强的合作意识。当自己不太忙的时候，也能够主动分担其他人的工作负担。

最后，鼓励员工之间合作。

所有在星巴克工作的员工在新店开张之前，都要集体到位于西雅图的星巴克总部接受三个月的培训。在这期间，管理者的大部分时间主要是担任导师，职责是磨合员工，让员工接受并实践平等快乐的团队工作文化。由于不同国家之间存在民族文化差异，企业文化的扩散传导有的时候在实施过程中会遇到很大的阻碍。为了实践平等的公司文化，同时又尊重当地的文化风俗，星巴克的管理者还会想出很多方法来缓冲这种隔离。如在伦敦的一位星巴克店长还担任“知心大姐姐”的角色，亲自设计了各种各样有趣的小礼品，用来及时奖励员工的主动合作行为。

在固有印象中，普通管理者一般在团队中扮演的是命令者、规划者的角色（见图 6–8），员工需要根据管理者提出的目标、方案制订策略计划，然后再去执行，并且需要在一定期限内给管理者一个满意的答复。

然而，一个真正有序的团队关系，管理者不应该是命令者的角色，而应是导师，用来辅助员工，成为员工的后盾。

图 6-8 管理者身份的转变

1. 管理者的导师身份

管理者身为导师，不只是要关注工作目标，更要关注员工在实现目标过程中的内心感受。管理者通过与员工建立起导师关系，并运用高效沟通来激发员工的潜能，优化团队内外资源，创造更大的成果。作为“导师”，管理者可以通过倾听、对话从而创造出一个情感空间，并帮助员工进行探索，使得彼此之间构成相互支持的同伴关系。

身为导师的管理者应承担的责任如下：

（1）辅导：辅导员工改进并提高与工作相关的技能或行为表现；

（2）建议：针对员工容易出现的问题及时提出劝告和建议；

（3）分享：积极和员工分享经验，教导员工做事；

（4）反馈：管理者事后一定要让员工知道他的行为及其结果是什么样

的，以及取得了哪些进步；

（5）传授：作为导师，管理者需要将自己的技能和知识传授给员工；

（6）考核：通过目标设定、进展追踪、结果考评的管理流程来提高绩效和改进行为表现。

2. 给员工带去归属感

想要做好团队导师，就必须要给员工带去归属感，除了物质上的回报还应该利用好精神上的激励和促进。两者结合在一起，让员工对团队产生高度的信任和依赖，从而使员工在潜意识里将自己融入团队中，将团队利益作为自己行事的出发点和归结点。这种归属感对增强公司凝聚力和竞争力具有很大的作用，也是有序管理的一个方面。

（1）给予员工正面认可

认可员工对员工形成归属感十分重要。当然，这需要你正面认可他，比如偶尔说句“谢谢”或者“辛苦了”。当然这是精神层面上的情感交流，从经验来看，仅凭借精神层面的交流是远远不够的，有些东西比说句“谢谢你”更有效。例如当团队在完成一项任务时，给员工颁发一些实质性的奖励，如奖金、奖品等，以此表示团队对其卓越表现的认可，并让其他员工也能看到，由此这种正面激励的效果会更加明显。

（2）做一个倾听者

从某种意义上来讲，员工就像是管理者身边的朋友、家人，他们必须得到尊重。而尊重人的方式之一就是倾听对方的心声。

很多管理者经常对处理团队关系感到头疼、棘手，原因主要是当涉及倾听员工的时候，他们不懂得主动询问、主动倾听。比如时常以关心的语气问候你的员工：“你是怎么想的？”“这对你来说意味着什么？”

这些问题都可以让员工更加信任你，也有助于员工融入团队中，久而久之会让员工形成对公司的归属感。

（3）帮助员工进行职业规划

如果你的员工没有一个明确的目标，那么无论如何，他们都不可能产生工作上的荣耀感和归属感。因此，管理者作为一个导师，可以适当帮助这部分员工走出“混沌”的状态，帮他们找到明确的职业目标。

甲骨文公司在这方面做得很好。甲骨文是一个拥有几万员工的大型跨国公司，然而其员工流失率始终低于5%，这个比例是其他同行望尘莫及的。

原因是甲骨文在招聘时就为员工设计了长远的职业规划，明确指出员工在公司中可能会碰到的发展机会，让员工觉得是自己在改变世界，而不是纯粹地为了拿薪水而工作。因此，员工在工作中信心十足。每一个甲骨文的员工都拥有自豪感和成就感。

因此，管理者必须要发自内心为员工做好职业规划引导，帮助员工在职业生涯中获得成就感，引导他们发展的方向，并且给予他们自信，鼓励他们继续前进。这样团队的凝聚力才会更强，员工也自然而然会形成对公司的归属感。

拿捏好任职和授权的平衡杆

一个有序的团队关系就是把合适的人放在合适的岗位。管理者要掌握员工在工作中有优势的方面，并为其制定工作职责和工作范围，放手让员工去做工作；同时还要授予员工权限，让员工有充分的空间去发挥。

因此，在有序管理中，管理者务必要拿捏好任职和授权的平衡杆。

1. 管理者只负责大方向，员工具有自主决策权

真正有序的管理不是上级对下级发号施令，也不是上行下效，而是要科学合理地给员工带去自主施展的空间。

我们来看一下德国文化媒体业巨头——贝塔斯曼集团的做法。贝塔斯曼在世界五十多个国家和地区都有业务，下属企业多达几百个，业务涉及的行业包括电视、音乐、书刊出版、媒体服务等广泛领域。很多人会产生疑问：贝塔斯曼从事的行业和领域跨度如此广，在管理上如何能做到有序呢？

对于这个问题，贝塔斯曼集团总裁迪伦先生是这样指出的："我们公司实行的是'松散管理'，每个下属企业在其企业内的人事、投资、产品等事务上都有自主决策权。总裁以及企业高管只负责拟定大方向，不过分干涉下属企业的具体经营事务。同样，每个下属企业的中层管理者，只负责给员工提出具体的目标，至于怎么实现目标，管理者们通常不会对下属过多约束，员工感受到来自管理者的信任之后，其积极性也自然会被充分调动起来。"

其实贝塔斯曼的做法就是"分散权力，统揽大局"，如图 6–9 所示。

总公司把权力下放给分公司，分公司将权力下放给中层管理者，中层管理者将权力下放给下属，通过层层授权，不断分散权力，同时要求下属对上级负责，分公司对总公司负责，最终实现总公司统揽大局。

图 6-9　分散权力，统揽大局

现实中很多管理者却不这么认为，他们觉得如果自己的权力下放给了员工，那么自己会失去控制权，也会没有面子。

实际上，从表面看，当管理者将部分权力下放给下属的时候，自己掌控的权力确实少了。但授权不等于完全放权，授权的同时管理者还要总揽大局，掌控最大的权力，反而能够更好地决定公司的发展方向以及掌控整体局面。

2. 掌握 20% 重要决定权

成功的管理者不仅是一个控权高手，更是一个授权高手。其实授权并非要求百分百地交出权力，有一个授权黄金法则，那就是把 80% 不那么重要的事情交给别人去做，而管理者自己则掌握 20% 的重要决定权。

这也意味着尊重和重视员工的价值，给员工提供发挥才能的机会，充分激发员工的潜能，从而将工作做得更好，而自己也不会失去对管理的大权。

例如有这样一家杂志社，情感故事专栏的主编只负责提出选题，以及最终敲定方案。而剩下的一些工作，例如寻找作者、组稿、编辑校对等等都授权给相应职位的员工去承担。在此期间，主编不会过问细节，也不会干扰员工的工作环节。

3. 授权给什么职位的人

管理者在梳理权利清单的时候，需要明晰什么岗位授予什么权利和责任，权利不清晰会导致执行不顺畅，互相推诿、互相抵触、互相抱怨的情况时常发生，项目决策、进展也会受到干扰。按照管理层级不同分别授予一定的权限，不仅可以提高工作效率而且落实了岗位责任，规避了经常出现的审批环节拖、推、避的管理问题。虽然授权提高了效率，但是必须做好预算与绩效考核，在提升效率的同时更要提高效益。

4. 权利和责任要统一起来

合理有效的授权的关键在于权利和责任的统一。

授权是完成目标责任的基础，权责对应或权责统一，才能保证责任者有效地实现目标。在授权前，应做好目标的设定和责任范围的明确，要从企业整体的制度上保障授权在可控或可监督的范围之内，在工作过程中要随时关注工作进展，对偏离工作方向的倾向应及时予以纠正。

此外，管理者还要根据公司项目发展类型和发展现状来确定授权，对需要快速反应的新项目要充分信任、合理授权，甚至允许被授权者发生错误。

比如，在当前竞争越来越激烈的电商领域，线上线下的利益冲突、业务的快速发展与企业原有制度的不匹配等现象越来越明显。而合理的授权、理顺的组织关系、有效的制度建设是电商项目做大做强的前提。权利和责任有效统一，才能保障授权的合理性，才能更有效地提升管理水平，强化执行力。

5. 授权的原则

有序的授权需要遵循以下原则：

（1）均衡原则

管理者对员工的授权既不能过轻，也不能过重，更不能超负荷授权，说到底就是要看员工的承受能力。同时，授权需要根据项目轻重、大小、性质来具体实行。

（2）权责共兼原则

管理者在授权的同时要明确员工的责任，将权利与责任一并授予下属。

（3）可控原则

管理者在授权时不仅要适当，还要可控。正确的授权，不是放任、撒手不管，而是要保留某种控制权或者掌控大局的权力。

（4）信任原则

管理者对于将要被授权的员工一定要有较充分的了解，只有这样才能产生授权信任，才能让权力落实到可靠的员工身上。

（5）绩效原则

当权力授予之后，还要拿出一个科学合理的绩效考核制度，定期对员工进行考核，同时对员工的行权情况做出恰如其分的评价，并与员工的利益结合起来。

7
第七章
时间：有序管理让每天都有 25 小时

时间管理的意义在于让管理者可以掌握更加高效工作的技巧，如果管理者懂得时间管理的高效法则，就能够给自己腾出更多时间，例如如何把碎片化时间变成整块时间。掌控时间是一种巨大的无形财富。因此，管理者必须要掌握时间管理的正确方法。

谁动了管理者的时间

管理者真的对时间了解吗？

是不是属于你的时间你都可以有效利用？

是不是管理者的时间就一定比员工多？

是不是不需要做具体工作就能有更多额外空闲的时间？

不，这一切都无法如你所愿。

时间是一个神奇的东西，它具有以下特性（见图 7-1）：

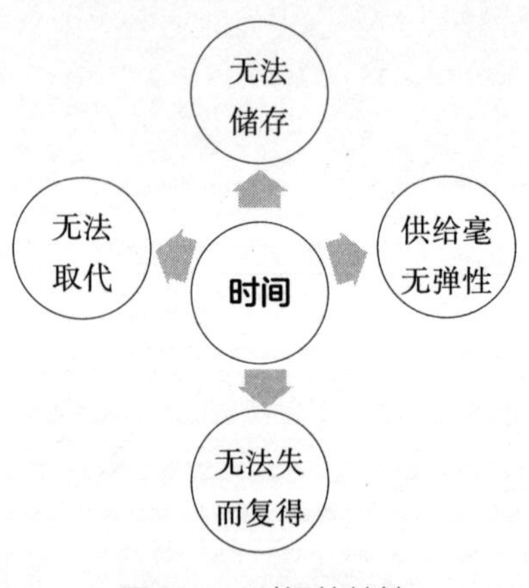

图 7-1　时间的特性

对于管理者而言，看似你没有在做具体的事情，但是你的时间一样也在溜走；看似你在思考决策，其实你浪费了很多时间；看似你除了签字、看合同之外，没有其他需要做的事情，其实还有很多……

那么，为什么很多管理者会一直抱怨自己的时间都没有了。到底是谁动了管理者的时间？

1. 谁动了管理者的时间

对于管理者来说，时间管理就是做决策，这主要是指：决策哪些事情重要，哪些事情不重要（见图 7–2）。

图 7–2　管理者的时间管理主要是做决策

下面是管理者的时间流逝的信息：

（1）被开会偷走了时间

长时间、临时的会议比较多，会议之外做事情的时间少。

（2）被突发事件偷走了时间

很多突发的、临时性事务打断了工作计划，工作时间被分割成很多片断，完整的工作时间少，无法集中时间做一件事。

（3）被等待偷走了时间

很多时候，管理者提出的想法或者决策，都需要经过大家一致同意才能实行。这时候，等待统一意见的过程就是被偷走的时间，这种经常反复的过程无形之中盗走了很多管理者的时间。

（4）被复杂的沟通偷走了时间

有些沟通很快速，例如直接一对一的沟通、集中沟通。但是有些复杂的沟通，例如跨部门的沟通和工作安排，也会偷走管理者的大部分时间。

（5）被多头管理偷走了时间

有些员工的工作职责不明确，这样就导致管理者必须要进行大量的多头管理，这样也会夺走很多宝贵的时间。

（6）被繁琐的工作偷走了时间

很多时候，一个团队里面的事情非常多且都很重要，不容易安排先后次序，来得及就一件一件做，来不及就几件事同时做，很多时候管理者不得不放下手中正在进行的工作，去做另外一些事情，这样也会耽误很多管理者的时间。

（7）被信息整理偷走了时间

管理者每天面对的事情很多，信息也很繁琐，有时候必须停下来对信息加以整理，否则就会影响工作进程，那些收集信息、分析信息的过程，也会偷走管理者的时间。

（8）被复杂的工作流程偷走了时间

管理者如果没有一个简洁的工作流程，就会很容易让工作陷入繁杂的流程之中，这些繁杂的流程也会盗走很多时间。

2. 管头管脚，但不能从头管到脚

从上述我们可以看出，管理者的时间之所以会被无情地偷走，主要是因为管理者不懂得有序管理。这包括不懂得如何做管理工作，例如很多事情不需要管理者插手，管理者却偏偏参与进来；有些事情管理者只需要说行或者不行，但很多管理者却偏偏要仔细研究，最后花费了很多时间却无法得到满意的答案，也就是徒劳无功、白费力气。

换句话说，管理者，要管头管脚，但千万不能从头管到脚。

时间的多少和时间的价值，哪个更重要

时间的多少和时间的价值，你更看重哪一个？

有些人觉得自己很年轻，还有大把时间可以浪费。但是不知不觉就走入了不惑之年，毫无成就。

但是有些人却在不惑之年利用短暂的时间发挥出了巨大的价值，实现了很多成就。

这就是时间的多少和时间的价值的重要性。

管理者必须要领悟到时间的价值的重要性。

越是优秀的管理者，其时间观念也越强。他们甚至严苛地规划好自己一天 24 小时的行动计划，比如吃饭用多少时间，处理邮件用多少时间，乘坐飞机、专车用多久，路上的时间可以用来干什么，等等。李嘉诚就是如此，作为八十几岁的老人，他依然每天坚持 6 点起床，8 点之前到公司

观看新闻和公司报告。那么，管理者应该如何管理和利用好自己时间的价值呢？

1. 时间的价值在于不浪费时间去做低回报的事情

一个有时间观念的人，不会浪费自己的时间做低回报的事。

我有一个客户，他在一家五百强企业上海分部担任市场部经理。当时，公司高薪聘请他过来时，给他配了专车和司机。

我的这位经理朋友当时很年轻，对这样的待遇有些受宠若惊。于是，他向高层汇报，认为自己有驾照，没必要聘请司机。

但是上司给出的答案却一语中的，让他感到惭愧。上司是这样说的："你的时间应该用在做更有意义的事情上，而不是浪费在开车这种低价值、低回报的事情上面。"

朋友当时恍然大悟地意识到，公司高薪聘请自己不是来开车的，公司追求的是更高的回报。开车这种事情，是一个司机该做的事情。自己可以把开车的时间节省下来，做其他诸如新的规划、新的决策、新的研发等这些能带来高回报的事情。

很显然，这些高水平的管理者充分意识到了有序管理的重要性，更意识到了时间价值的重要性。

很多公司为什么不能做大，就是因为管理者总是在做着高付出低回报的事情。比如，一位管理者花费了一下午的时间用在修理打印机上面，最终打印机还是没有修好。其实，这原本是件很简单的事，只需花上一些钱找个专业的修理人员，半小时内就能利索地搞定。

管理者自己上手，不仅打乱了原本的计划，而且浪费了时间和精力，让自己整个一下午都浪费掉，其损失的价值是雇人修理打印机花费的钱无法比拟的。

每个管理者，无论做什么，都要有自己的时间价值安排。做什么事需要付出多少，回报能有多少，是亲自做划算还是让其他人做更好，这些都是可以预先衡量计划好的。把我们自己的时间用在最有价值的事情上，如此才能实现高效的管理，才能收获更多意想不到的成功。

2. 追踪你的时间

想要牢牢抓住时间的价值，首先就要学会追踪自己的时间。

第一步：估算你投资了多少时间在赚钱上；

这一步的重点在于你花了多少时间用在赚钱上，而不是你投入多少时间在工作岗位上，这是个不同的概念。

举例来说，假如每天你有一个小时的时间消耗在上班路途中，另有八小时用来工作，那么实际上等于你每天用掉了九个小时在赚钱上。

同样，你也应该把搞副业或者送孩子去学校的时间都算上。由此，我们可以用这些数字来全面地计算一下，一年中自己花在赚钱上的总时间。

大部分人对于自己一天 24 小时做了什么只有一种模糊的意识。如果你不确定你花了多少时间用来工作，科学家推荐用一年 2500 小时作为起点。这其中的理由很简单，那就是假设你一天花 10 小时工作或者做与工作相关的事。一周工作五天，也就是每周 50 小时。再假设你每年刨除两周的假期，一共工作 50 周，也就是每年 2500 小时。

当然了，你可以根据自己的实际情况做出调整，但是对于大多数的职场人来说，2500 小时是一个基本的估计数据。

第二步：追踪过程。

我们以一个网络创业者为例，这位管理者大多数时间都在电脑上从事工作。在估算时间方面，我们建议这位管理者先安装一个叫“RescueTime”的软件。它能准确记录管理者在每件事上花费的时间，例如用了多长时间浏览网页、用软件浏览社交媒体的时间等等。

在管理者完成三个月的时间花费信息收集后，我们建议整合从其他应用中得到的数字，以完善估算。最终，利用从 RescueTime 获得的数字，加上几个合理的推算，管理者会得出自己每年工作的以小时为单位的时间结果，例如 2650 小时的结论。

RecueTime 这个软件，主要是用来分类记录事件，所以用这个软件还能分别了解管理者在写作、阅读、网站浏览、市场营销等事项上花费的时间。通过这种软件，最终你可以清楚地计算出自己每年花在赚钱上的总时间。

3. 记录你赚了多少钱

按照上述，我们通过跟踪时间，计算出了花在赚钱上的总时间，那么接下来就要计算出你赚了多少钱——这里主要是指你利用工作时间赚了多少钱。

实际上，这个过程很简单。如果你是员工，你的工资条上就会有一组通常是纳税之后的数据。如果你是管理者，你就需要从公司或个人总收入中扣掉税款和其他业务支出。

在这里，我推荐一个跟踪收入的软件——Bench Accounting。这是一个在线的记账服务软件，可以自动从企业账户提取数据，然后会计就会将所有财务信息整理在一个含税的财务报表中。从完成的报表中可以很清楚地看出我们在上个月、上个季度或者上一年中赚了多少钱。我推荐使用全年的收入来做计算，这样更有实际意义。

4. 计算你的时间价值

知道了时间的总量和赚钱的数量，接下来就要计算时间的价值。其实这很简单，只需要用你的总收入除以你总共花费的时间即可，如图 7-3 所示：

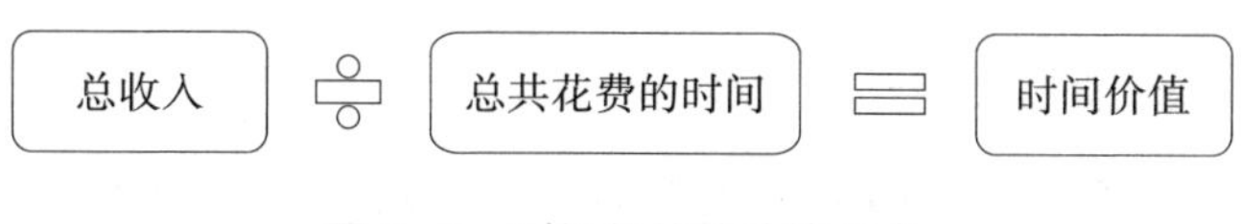

图 7-3　时间价值的计算方式

举例说明，假设你每年花了 2500 小时用来赚钱，而你的收入是 120000 美元 / 年，那么你的时间价值为 48 美元 / 小时。

显然，很多人会觉得自己一个小时的价值比自己想象得要低很多。

此外，虽然我们知道自己的时间价值值多少钱，但是我们却很少去计算除了工作时间之外还有多少时间也是花费在赚钱上。搞清楚到底有多少时间投资在赚钱上，我们就对自己时间的实际价值有了一个更清楚的认识。

浪费员工的时间就等于浪费自己的时间

在时间管理上，你浪费别人的时间其实就等于浪费自己的时间。管理者也是如此，管理者如果一直在浪费员工的时间，那么实际上你浪费的不只是自己的时间，也是整个公司的时间。

1. 管理者是如何浪费员工时间的

对于员工来说，通常情况下，管理者发话之后，员工就得听命行事。但其中有很多管理者给员工增加了不必要的工作量，浪费了员工的时间。

斯坦福大学管理学教授罗伯特·萨顿博士与同事研究了这一现象，并提出了管理者大都是如何浪费员工时间的。下面是具体内容：

（1）指派耗时的任务

例如，一家公司的 CEO 极度执着于某些新奇的管理理念，并频繁宣布在公司上下推行新举措。

这样一来，员工经常会不得已推翻之前的工作，再次从零开始，之前做的工作都白费了。每项新举措宣布之后，随之而来的就是新一轮的培训、会议和文书工作。即便许多员工学会了“以不变应万变”的技能，但他们还是浪费了许多时间。

（2）随口发言导致不必要的任务

比如，一位管理者随口说了句工作需要每天作一个总结报告。之后，员工每天下班前会作总结报告并上交。甚至很多人为了迎合管理者满意，不惜花费大量时间作一份漂亮的报告。还有些员工的工作没有固定的衡量和考核标准，因此会为无法作出报告而焦头烂额。也有些员工的工作是连接性质的，需要几天才能完成，因此也得绞尽脑汁去完成报告。

这些报告其实都没有必要，无形之中浪费了员工的很多时间。

（3）不愿放下权限

有一家公司，规模只有二十几人的时候，前来求职的应聘者都是由管理者本人面试的，这也是合情合理的。但是当公司扩大到几百人时管理者还是会亲自面试。这样一来，就导致了浪费员工时间的现象出现，例如助理和人力部门会有很大的负担，不但需要花费时间安排应聘者跟管理者见面，还要百般挑选出合适的给管理者面试，其中浪费的时间不计其数。

2. 避免浪费员工时间的方法

（1）管理者在发表意见时要小心谨慎

管理者不能随意吐槽或发表意见，想要发表意见时，必须要小心谨慎。如果说了可能会被误读为命令的话，这时候可以适当地补充一句："请大家先不要采取任何行动，我只是想到什么就说什么而已。"

此外，管理者还可以大力鼓励员工发言，例如鼓励就某个问题对管理者进行反驳。

（2）对优秀员工进行重新定义

很多管理者通常认为唯命是从、默默无闻地完成任务的员工是优秀员工。实际上根据研究表明，那些经常操心、指出错误和问题所在的人才是真正的优秀员工。

因此，管理者可以有意去表扬、提拔和奖赏那些消除障碍和浪费的人，奖励那些敢于指出错误的人。

（3）反复做"减法"

与大多数积极措施一样，"做减法"就像修剪草坪，管理者不能只做一次，然后就宣布万事大吉。要反复做，定期做，否则很多工作中的"恶习"还会卷土重来。

3. 从组织角度进行时间管理

管理者要为员工创造执行时间管理方法的条件。彼得・德鲁克曾经在《卓有成效的管理者》一书中提出"时间管理诊断"的方法，如图 7–4 所示：

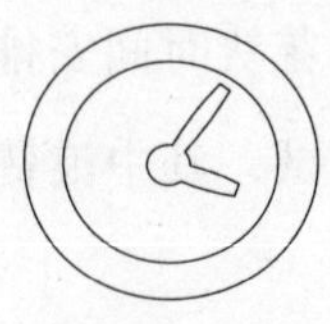

图 7-4　时间管理诊断法

按照这样的方法，坚持一段时间之后就能很快发现自己在时间管理上存在的问题。

同时，这不仅是改进个人时间管理的方法，它同样适用于组织中的时间管理。管理者可以对照我们在第一点“管理者是如何浪费员工时间”中列举的表现，查看自己是否有过影响员工时间管理的行为。如果每位管理者都能按照时间管理理论进行实践，那么管理者会看到如下效果：

第一，组织效能会有所提高。

各级管理者如果都能按照有效的方法进行时间管理，其结果就是能够实现有效管理个人时间及其行为。试想，如果组织中每个岗位都能够高效率地工作并且组织衔接流畅，那么就将大大提高整个企业的组织效率。

第二，管理者的价值得以实现。

在恶劣的环境下往往越能磨练出优秀的管理者。企业组织的经营目的不是成就英雄，而是实现企业组织的价值增长。而这主要依赖于更多优秀的管理者。因此，强调企业组织中的时间管理就是为那些优秀的管理者创造更好的环境，这是实现管理者价值的长远着力点。

第三，员工的成就感得到提升。

有效的时间管理，表面上可以提升工作效率，实际上最后的落脚点还是工作与生活之间的平衡关系。员工拥有优质生活才是其幸福感和成就感的来源。成就感是一种心灵上的感受，是工作得到肯定的表现。而这种成就感就是从时间管理中获得的。

很多时候，不是员工不懂得时间管理，而是管理者没有“授权”给他们管理自己的时间，他们的时间不由自己支配，于是他们很难感受到成就感。因此，在企业组织层面进行有效的时间管理，其实就是“授权”员工管理自己的时间，给员工自由支配的时间，只有这样，员工的成就感才能获得大大提升。

时间管理的本质还是个人管理，也就是对个人工作行为的管理。在企业组织中，管理者管理着员工的“工作行为”，所以对于员工的工作行为表现，管理者应该承担更多责任。同理，如果员工的时间管理不好，工作效能下降，那么管理者的管理不当也一定是其背后的原因之一。

因此，当我们谈论时间管理时，一定不要单独来看，而是要注意到企业组织中各个岗位、员工之间的关系对时间管理的影响，尤其是管理者对员工时间管理的干扰。

时间管理的三只青蛙法则

著名的潜意识大师博恩·崔西曾说过：“如果你必须吃掉一只青蛙，不要长时间盯着它看。如果你必须连续吃掉三只青蛙，记得要先吃掉最大、最丑的那只。”

博恩·崔西为我们提出了时间管理中的“三只青蛙原则”。即必须要找出一天、一周、一月、一年、一生中最重要的三件事，而这三件事就是你必须吃掉的“三只青蛙”。对管理者来说，这同样重要。

很多管理者会利用“帕累托定律”，每天拿出20%的时间，集中精力，专门对付这三只青蛙。事实也证明，如此坚持下来，管理者的工作一定会事半功倍。

下面我们就来具体说说“三只青蛙”的时间法则。

1. 找到你的“三只青蛙”

管理者想要做到有序管理，必须要先问自己一个问题：“如果我必须要在××××年完成一件影响力最大的事情，那会是什么？”

找到这个问题，并将其写下来。

根据这个原则，继续寻找第二个问题，例如“为了完成这件颇具影响力的事情，我该怎么入手？”把问题找出来，也把它写下来。

最后再写一个……

这三件事就是你的“三只青蛙”。

很显然，对管理者来说，在“三只青蛙”原则中，这三件事情很可能是一些非常重要（又大又丑的），需要你持续保持专注度才能完成的大事。

找到它们之后，接下来就需要把注意力聚焦到“三大”重要目标，然后再开始运用时间管理的帕累托定律，即用20%的时间去完成80%的事情。

换句话说，管理者的管理效率的差异往往取决于最重要的20%时间，对一天8小时的工作制来说，它就是1小时。这里有一个问题，那就是管理者要如何利用好这一个小时？

这也是我们接下来继续探讨的内容。

2. 利用“四象限法则”吃掉最大、最丑的那只青蛙

在上述内容中，我们知道这个“最大最丑的青蛙”就是三大任务事件中最重要的那个，它很可能是更困难的目标。

在这不得不提到专注力——管理者往往因为繁杂的事情而缺少专注力。实际上，如果你能够保持专注力，那么最大的那个青蛙很容易就会被你干掉。为了专注于最重要的活动，管理者每天至少需要在它身上投入 20% 的时间，这当然还需要运用“四象限法则”矩阵。

在这里简单介绍一下“四象限法则”（见图 7–5）：

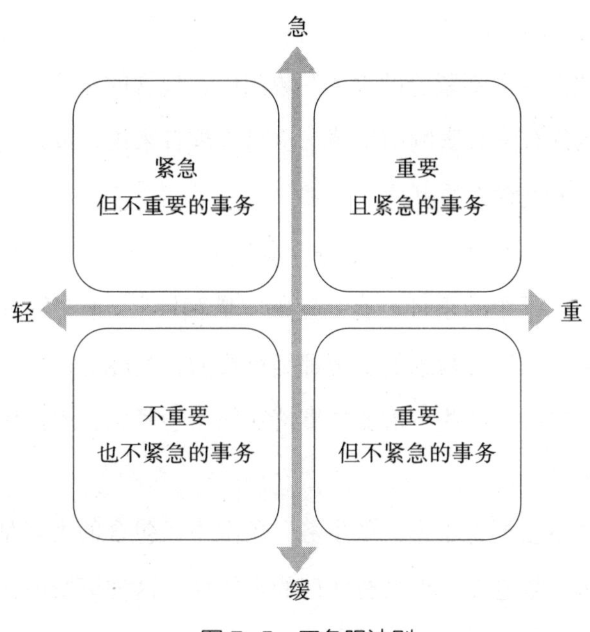

图 7–5　四象限法则

四象限法则是时间管理理论的一个重要概念，强调的主旨是应有重点地把主要的精力和时间集中在处理那些重要但不紧急的工作上，这样可以做到有序管理和防患于未然。在管理者的日常管理工作中，很多时候往往有可能很好地去计划和完成一件事，但常常却因为没有及时地去做，随着时间的推移，造成管理工作质量的下降。因此，应把主要的精力有重点地放在重要但不紧急这个“象限”的事务上，是非常必要的。

这个矩阵中标注的“紧急”和“重要”任务，该怎么去理解？

（1）在“重要且紧急的事务”象限中，包含的是一些紧急而重要的事情，这一类的事情具有时间的紧迫性和影响的重要性，无法回避也不能拖延，必须首先处理、优先解决。对管理者来说，这可能是重大项目的谈判，或一个重要的会议等。

（2）在“重要但不紧急的事务”象限中，包含的是那些不具有时间上的紧迫性，但具有重大影响的事情。这对管理者来说，或许是对于企业的生存和发展有重大意义的事情。

（3）在“紧急但不重要的事务”象限中，这些事情很紧急但并不重要，因此这一象限中的事件具有一定的“欺骗性”。很多管理者在对其认识上有某种误区，认为紧急的事情都是重要的，实际上，像一些电话、无聊会议等并不重要。这些不重要的事情往往出于紧急，就占用了管理者的很多宝贵时间。

（4）在“不重要也不紧急的事务”象限中，包含的大多是些琐碎的杂事，没有时间的紧迫性，也没有任何的重要性，这种事情纯粹是在浪费时间，因此必须杜绝。

找到了四象限中最重要且最紧急的事情，然后集中精力和专注力去吃掉它，这就是时间管理法则中所强调的一点。

3.“三只青蛙法则”在管理工作中的辐射面

真正高明的管理者不会只把“三只青蛙法则”运用在管理工作中，还会将其运用在整个生活之中。因为管理者的生活与员工的生活不同。管理者甚至没有自己完全纯粹和单独的私人时间，管理者的生活几乎都与管理工作有关。管理者在生活中节省下来的时间，都会被有效地运用起来并在很大程度上与管理工作产生关联。时间管理创始人史蒂芬·柯维提出过一个说法叫“高杠杆”活动，即相对于做这些活动需要的时间，它们往往能够产生更加强大的成果。这正是“三只青蛙法则”的真谛所在：围绕“重要”的事情而组织和有效利用时间。

因此，管理者可以挑出本周的“三只青蛙”、本月的“三只青蛙”、本季度的“三只青蛙”、本年度的“三只青蛙”……

管理者如果悉心实践这项法则，把 20% 的时间投资在这些重要事项上，坚持一年之后，你就会发现自己的管理工作不但有序，而且效率倍增。

把碎片时间变成整块时间

我接触过很多管理者，总是跟我说自己忙碌了一天，到最后都不知道干了些什么，毫无成就感。每当我听到这样的抱怨之后，往往会告诉对方其实碎片化时间也可以变成整块时间，就像下面这些大人物的时间管理一样。

首先来看 Facebook 创始人扎克伯格的时间管理。

对于一个能够毫不眨眼就捐出 450 亿美元的人来说，扎克伯格完全有理由不再进行严苛的时间管理，而是充分享受生活。但是在扎克伯格的眼中，时间管理正是他成功的主要支撑。

下面是扎克伯格一天大致的作息时间（见表 7-1）：

表 7-1　扎克伯格每日时间安排

起床时间	5:00am
上班时间	8:00am
下班时间	7:00pm

其实这个时间表很简单，但是我们却能一眼看出，扎克伯格会把一整天的时间都用在上班工作上。是的，他一整天都几乎泡在 Facebook 的办公大楼里面。如果周末有员工加班赶项目，他必定会到场。

也许你会觉得他就算是在办公室里工作一整天，那么他的碎片化时间也会多得数不过来。没错。但是扎克伯格的成功之处在于他可以把大把的碎片化时间积攒起来，然后利用它们去做更加重要的事情。例如他会把选购图书的事情交给助理去办，方式就是给助理一份购书清单；他会把亲子时间提前安排好，除此之外的时间甚至拒绝接家庭保姆打来的电话；他会把采访、考察等活动的固定时间表发给助理，只接受在此时间内的安排。安排好这些之后，他自然就会有大把整块的时间去做真正有效的管理。

其次，看一下推特创始人的时间管理。

你可能听说过推特创始人杰克·多西这个名字，但是你未必会知道他同时要管理两家公司，那就是 Twitter 和 Square，所以每一天他都要工作满 16 个小时。从这一点来说，很多人觉得他的时间不够用。实际上，他却游刃有余。

因为他的时间规划精确到分钟，把众多的工作内容分配到每一天，并且高度自律，严格按照计划执行。

下面是杰克·多西一周内的时间安排表（见表 7–2）：

表 7-2 杰克·多西一周的时间安排

周一	管理层会议与公司运作等事务
周二	产品开发
周三	市场营销、交流与增长
周四	开发者与合作伙伴
周五	公司文化

在杰多·多西的眼里没有碎片化时间，因为他会把所有的碎片化时间有效糅合起来，然后变成整块时间参与到管理工作中。而对于上述这份周计划中的事项，杰克·多西每天都要做两遍。

最后，再来看一下谷歌创始人拉里·佩奇的时间管理。

相对于上述的扎克伯格和杰克·多西，拉里·佩奇则对自己的管理工作格外自信，因此他的时间管理更富有个性。他不是一个完全的工作狂，但却能够充分利用每一分钟。他表示自己一周只工作 40 小时就足够，在拉里·佩奇看来，生活、家人和自己的爱好很重要，这要求他必须要想办法提高自己单位时间内的工作效率。

拉里·佩奇是这样做的：他一周只工作 4 天，剩下的时间都能用来做一些让自己感到愉悦放松的事。在这个过程中，他把一周的时间从整体上进行了划分，哪些是碎片化时间，哪些是整块时间；哪些碎片化时间可以被集中利用，哪些碎片化时间可以删除。最终整理出 4 天的高效工作时间，其他时间就变成了自己的私人时间。这样的做法十分有趣，但是必须有一个前提条件，那就是充分自律。

当然，还有很多管理者的时间管理法则值得我们学习。在上述三个管理者的高效时间管理中，有一个共同点，那就是要尽力把碎片化时间变成整块时间。

很多管理者总是觉得自己的时间被切割得太碎，拿不出整块时间去做整块的事情。实际上，我们每个人一天的时间安排就如同一个房间，虽然房间的总量是不会变的，但是你可以通过整理和收纳来让房间储存更多的东西。

1. 用碎片化时间解决碎片化任务

想要获得整块时间，就需要客观地去正视碎片化时间。有些碎片化时间无法被整合，但是却可以充分利用。这需要管理者把自己的零碎任务，在碎片化的时间内完成。

我有一个好的建议：列任务清单。

是的，这个方法看上去很老土，但是却很管用。首先，列出一张清单；然后按一分钟、五分钟、十分钟的类别，列出每天必须要做，但又不会一次占用太多时间的任务。

例如下面这个模板（见图 7–6）：

任务清单		
1 分钟任务	5 分钟任务	10 分钟任务
回复一条会议信息、删除几条垃圾邮件、冲杯咖啡等	收拾一下办公桌、回复一个通知、给助理打电话告诉他行程安排等	给一个客户打电话预约、检查一下会议报告、小憩一会

图 7-6　任务清单模板

当然，你也可以有其他更完美的解决方案。这些任务看起来都是很细碎很微不足道的，但是身为管理者，如果统计一下你每天要做的事情，你会发现细碎的任务数量远远超过你的想象。

关键的问题就在于，如果你能用碎片化的时间解决碎片化的任务，那么你自然就可以整理出相对整块的时间，让你的管理工作更加有序。

2. 学会对碎片化任务说“不”

很多时候，管理者因为不知道如何抉择而失去了更重要的机遇。这就是无序管理的一个结果，其原因就是因为很多碎片化任务耽误了真正重要的任务。在这里，我必须要强调的是，管理者需要对那些不必要的碎片化任务说“不”。这也意味着管理者要专心地应对真正重要的任务。

我曾经和一个公司高管聊天，当时他刚刚拒绝了三家很有诱惑力的合作邀请。如果换作别人，可能会全部应承下来。但是他却认为自己当前有一个最重要的目标，那就是要开发出 XX 产品。而那些合作邀请则要花费大量时间投入到洽谈合作当中，虽然能带来一定的经济效益，却和他当时最主要的目标大相径庭。因此他果断拒绝了。

其实接触管理者多了，你就会发现真正高明的管理者，往往敢于放弃。因为一旦答应了碎片化的任务，很可能就会衍生出无数的碎片化时间，这些时间会严重干扰真正重要的任务进程，所以在适当的时候说“不”，对管理者来说，是一件很重要的事情。

认清楚时间管理的“一二三法则”

管理大师彼得·德鲁克说过：“认识你自己的时间，是任何人只要肯做就能做到的，这是一个人走向成功的有效的自由之路。”

很多管理者都有一个问题，那就是当管理几个人的时候，自己的管理方式还可以勉强应付；一旦管理的人数增多，团队的效率就会下降，管理者也会觉得时间不够用。

例如原本三个员工三天就能完成的事情，现在工作量增加，人员也增加，五个人一周也完不成。这种情况会给管理者带来很大困扰。随着工作不断叠加，必须要增加人员，人员增加却往往不但没有解决问题，反而大家都比之前更忙。

许多管理者经常会抱怨，时间总是不够用，有很多工作做不完，每天都要加班到很晚。

然而，当你问他们每天到底都在忙什么时，这些管理者似乎又说不出具体的内容，因为他们也不知道时间到底都浪费在哪里。

事实上，时间是有弹性的，看似你很忙碌，其实真正要你留出空闲时间，你一样可以挤出来。有些事情管理者看似没有时间去做，实则只不过是一些借口而已。

下面看一个有趣的例子。

我非常喜欢听 TED 演讲，特别是美国著名的时间管理专家 Laura Vanderkam（劳拉·范德卡姆）的演讲。她在 TED 上的一期演讲名为《How to gain control of your free time》（如何掌控你的自由时间）。在这个演讲中有一个真实的案例：

一位非常忙碌的女士，每天都要照顾自己的生意、孩子、父母，还要去社区做服务，等等。可以说是一个超级大忙人。然而，在一个周三晚上她外出回来时，发现家里的热水器坏掉了。这直接导致地下室被水淹了。

她在第二天找了一个水管工前来修理，第三天她又找来了专业人员清理地毯。所有时间加起来一共花费了七个小时。对这位忙碌的女士来说这算得上是非常宝贵的时间。假如，你在一开始没有发生这些事情之前问她："嘿，你能在这周抽出七个小时指导七个有潜力的人吗？"

她的答案和大多数人是一样的："怎么可能，你没看到我有多忙吗？"

然而，当她家里的热水器坏掉之后她不得不抽出七个小时用于处理，她在百忙之中挤出了这七个小时。

这个故事告诉我们，时间是有弹性的，我们没有时间做一件事情，只不过是一种借口而已。没时间去做意味着这件事暂时还不值得做，而是有其他更重要的事要做。这对管理者来说尤为重要，管理者在时间管理上最关键的就是要学会先做重要的事情，而且要集中时间和精力去做。

通常来讲，管理者的时间管理一般都是从记录时间开始，这样看起来比较合理。可是大部分管理者每天忙于事务性工作，能够坚持记录时间的只是少数。此外，记录时间只是时间管理的第一步。重要的是管理者要学会分析自己的时间花费，知道时间花费在哪里之后，再去合理地安排时间，能做到这一步的就更少了。但是，想要提升管理工作效率，就必须要成为少数派。在这里有一个方法可以借鉴和利用，那就是时间管理的“一二三法则”，如图 7-7 所示。

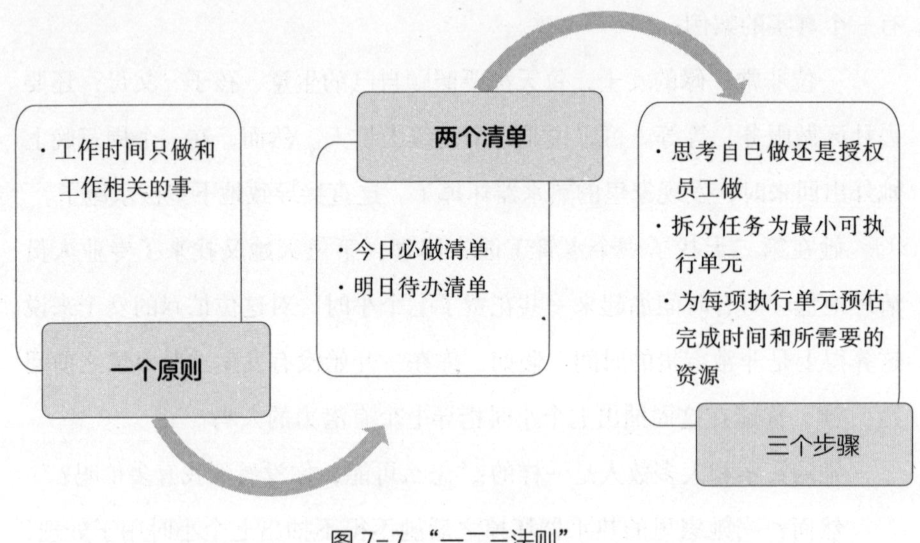

图 7-7 “一二三法则”

1. 一个原则

管理者在时间管理方面需要遵循一个原则，那就是：工作时间只做和工作相关的事。

在工作时间只做和工作相关的事情，任何其他琐碎的事情，可以在下班之后再去完成（当然，对管理者来说，很多时候，下班时间也可能在加班）。这个原则可以确保在工作时间，专注于做手头的工作。

大脑的专注模式是非常重要的，保持专注就是通过理性、连贯、分解的途径直接解决问题的模式。

管理者必须要时刻保持让大脑进入到专注模式，攻克管理工作中的难题。有些人喜欢在工作的时候通过听歌、刷朋友圈等来切换，这样的切换在一定程度上是会干扰专注力的。

如果管理者可以在工作的时间内专注地做事，那么工作效率自然就会提升很多。

2. 两个清单

所谓时间管理的两个清单，指的是：今日必做清单和明日待办清单。

对于每天的工作任务，管理者可以按照重要程度的优先级排序。对于管理者来说，第一优先级是公司最重要的工作，例如产品发布、与客户谈判等等。假如在和重要客户谈判时，需要用到相关资料，而这些资料如果没有准备好，影响就会很大——可能有失去客户的风险。第二优先级是影响团队高效运转下去的任务。管理者的工作职责是保证团队高效运转，按照既定目标正确地执行任务。第三优先级是自己的工作，如团队发展计划、人员培养计划、市场战略，以及一些杂事等等。

任务优先级确定好之后，可以把任务分为两类：

（1）今日必做清单

每天早上就要确定好当日必做清单。在工作中处理当前任务时，如果有临时的紧急任务，需要再次根据优先级，重新调整列表中的事项顺序。

（2）明日待办清单

每天工作结束时，在明日待办清单中加入今日未完成和明天需要做的事情。

3. 三个步骤

管理者在安排工作时，如果有一个新任务需要做，千万不要着急下手，需先按照三个步骤去做：

（1）思考自己做还是授权员工做

当管理者面对工作任务时，首先要思考这件事是需要自己亲自处理还是授权给员工。明确有效的授权也是管理者必须掌握的技能之一，它不但可以节省管理者的时间，更重要的是可以培养员工，使他们通过承担责任和压力，快速成长起来。

（2）拆分任务为最小可执行单元

完成一项任务的最好的方式就是把任务拆分为最小可执行单元。有时候管理者知道结果应该是什么样的，但是却不清楚具体的操作和规划，这样就会很浪费时间，所以必须要拆分。

例如，管理者要和员工讨论如何提高产品质量的问题，可以拆分为以下步骤：

①先搜集市场数据，分析当前公司产品存在的问题；

②对问题进行分析；

③根据分析结果拿出可优化的方案；

④整理方案，按照表格数据来安排具体生产计划。

（3）为每项执行单元预估完成时间和所需要的资源

管理者必须意识到有很多任务并非是孤立存在的，可能需要外部资源的支持和帮助，这时候如果外部资源没有及时出现，任务可能就搁浅了。如果提前预估执行单元需要的时间和资源，就可以提前做出安排，即便其中一个重要任务搁浅，也可以执行其他部分。

给工作明确最后的期限

管理者想要有序管理好时间，首先要了解自己的时间到底是如何使用的。著名管理大师彼得·德鲁克称这种过程为“时间诊断”，是指我们以时间作为一个客观的工具，来进行工作分析。

通过时间诊断，管理者可以分析出自己在管理工作中所消耗的时间到底花到哪里去了，以及对于重要的工作有没有投入时间等。做完时间诊断之后，我们最终的目的是解放时间和资源，将真正有价值的、重要的资源投到应该做的工作上去。

想要做到这一点，必须要记住，给工作明确一个最后的期限。换句话说，要给每一份任务表加上截止时间。只有这样，你才能在有限的时间内高效地完成工作，实现高效管理。

1. 别让工作无限期地进行

在 Facebook 的办公大楼中有一个显著的标语，那就是：不要让工作无限期地进行下去。

在我看来，这句话真的是说到了点上，不仅是针对员工，对管理者同样受用。

在管理者平时的工作中，如接到合作方的邀请或者董事会安排的一些新的工作任务，这种工作特别容易陷入一种无休无止的工作进程中。

我也见过很多追求完美的管理者，在管理工作中，每当发现一点不完美的地方，就会不停地修修改改，这会导致工作难以顺畅地进行下去，甚至会一直在原地打转，致使任务难以结束。

事实上，当别人夸你是“完美主义者”时，只有你自己知道你浪费了多少时间。这就是没有明确工作完成期限导致的结果。在这里，我希望管理者都能做到一点：只要任务一开始就马上给自己设定一个完成期限，有期限才有了目标。这个期限当然可以在执行的过程中根据特殊情况做出合理的修改。对管理者来说，设定工作期限可以带来以下几个好处：

（1）让管理者的注意力更加集中

一旦管理者的工作任务期限设定好之后，工作起来就会更有紧迫感，并能时刻提醒自己注意力要集中，不会过多地分散自己的注意力，从而始终朝着目标前进。同时也不会轻易地被其他的琐事影响。

（2）更快进入管理角色

有些管理者总是无法快速进入管理角色，总是在一边工作时，一边兼顾生活琐事。我曾见过一个管理者，正在开会却因为家里的事情不得不中止会议，这样耽误的不仅是自己的时间，还有大家的时间。显然这样的管理并不合格。

当你给自己设定好一个任务期限时，自己就会很快进入管理者角色，工作起来也会全神贯注，对准备阶段也会进行压缩，避免了那些不必要的现象干扰。

（3）保障任务顺利完成

有很多管理者在一开始进行任务时，信心满满，但是一旦在执行过程中遇到困难，哪怕是一些小挫折就会因此搁置、拖延任务。很多管理者会放下手头上的事情而去做其他简单容易的事情，这显然是一种逃避工作的现象。到最后又交给其他人去做，耽误了时间不说，很可能完成的效果并不理想。

如果在一开始就给任务设定一个期限，就算遇到困难，也会想办法去解决，因为管理者必须时刻记着要完成目标。

经常给自己的工作任务设定期限，让自己更高效地参与工作，同时尽量让它变成一种管理习惯，这是管理工作中不可或缺的一种能力。

2. 如何利用时间期限高效管理

时间期限就像是对时间的预算，而且是一种开支预算，是非常有效的工具。它可以强迫管理者在有限的时间内完成最重要的事情。想要知道如何利用这个时间期限来完成高效管理，必须要先认清管理者对时间期限的一个错误认识，那就是时间期限并不会让你更加有创造力。

有些管理者认为，设置时间期限可以让自己更有创造力，其实创造力是一个很广泛的概念。我们打个比方，如果你设定一年之内要变成世界五百强企业的 CEO，这好像很难实现。所以设立一个时间期限并不意味着可以为你带来一个能实现自身目标的方法。时间期限只是一种由内而外的驱动力，而并不是一种能决定成功与否的工具。

那么到底设定一个时间期限有什么用处呢？你又该在何时利用时间期限呢？

通常情况下，对管理者来说，在遇到以下情形时，可以设置时间期限来管理工作：

（1）扩展目标时

很多管理者都会面临一些比较大的，可延展性的目标，这时候就需要设立一个时间期限。例如，在一些比较大的工程项目上设立一个期限，甚至设立多个不同的期限将有助于管理工作顺利进行。

（2）分散注意力时

时间期限可以让管理者把注意力集中在一个目标上面，避免为无关紧要的琐事忙碌。如果你的目标与想法脱节，那么时间期限就可以让你回到正确的轨道上。

（3）有约束时

很多时间期限本身就已经存在了。例如你已经报名参加了一次考试，而考试时间就在三个月之后，那么你复习的时间期限本身就已经规定好了。在管理工作中，例如和对方签署的合作合同上规定的是6月交易产品，而距离交货日期只有两个月时间，那么这两个月的时间就是一种本身存在的时间期限。

（4）需要驱动时

管理者是否在工作中不自觉地放慢了进展速度。这时候，你需要设立一个时间期限，这样可以重新拥有前进的动力。

（5）安排任务时

一旦你有了任务，你就会对任务进行安排。这时候你可以将时间期限分成几个部分。例如，当你决定要开一个会议，那么需要设定半个小时之内完成会议构思，然后再拿出一个小时的时间完成会议提纲。

当你真正了解了时间期限的用处，你就会知道如何利用这个期限来完成更多的管理任务。

第八章

批判：管理者的向内思考力决定团队的有序度

向内包括自我反省、承认错误、自我批判等，管理者掌握了这种能力之后，做出的每一个决策就不会盲目无序，管理的想法也便能经得起考验和分析，这是有序管理的一个重要体现，更是保证整个团队有序发展的重要法宝。

别忘记，你只在身份上是管理者而已

为什么员工与管理者之间始终存在着浓浓的“敌对”情绪。管理者总是嫌员工做事少、工资要得多；而员工则恰恰相反，认为工作没完没了、薪水少得可怜。员工与管理者之间的这种“敌对”情绪是企业普遍存在的现象之一。

问题究竟出在哪里？其实很简单，管理者太习惯于把自己当老板，习惯于把员工当成打工仔。作为管理者，如果你让员工觉得“只不过是在为老板打工”，那么你的公司就注定做不大。

这样的管理者往往缺乏一种批判思维。有序管理的实现从来都不是由命令、制度造就的结果，有序的管理应当是一个和谐平衡的关系。管理者除了要让员工不断思考、学习之外，管理者自己还应该具有批判思维，不断思考。这里有一个大前提，那就是记住自己的身份，自己只是在身份上是管理者，在其他方面与员工无异。

1. 你除了是管理者，还是一个合伙人

管理者和员工一旦出现敌对局面，就说明两方在身份认同上出现了问题。

如果想要改变这种局面，最好的方式就是用合伙制代替传统雇佣制度。换句话说，是将员工从“打工仔”的角色转变为“合伙人”的角色（见图 8-1）。

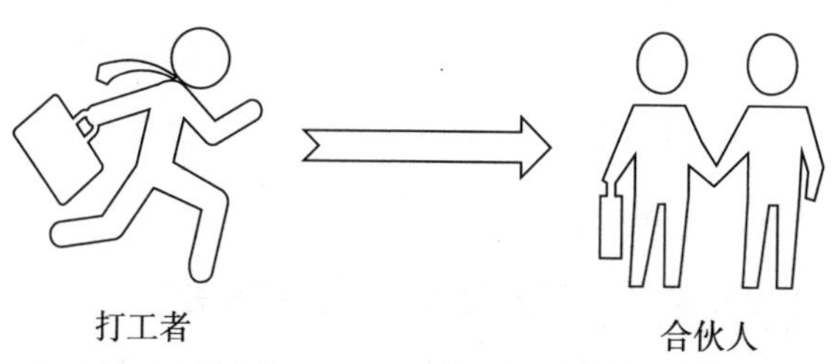

图 8-1　员工的身份转变

在合伙制下，员工与管理者是平等合作的关系，管理者提供给员工足够大的发展平台，让员工充分自主地发挥聪明才智，为企业创造财富和利润，也为自己创造更高的收入。

在这方面很多大企业都是这样做的。例如早先的万科集团。2014 年，万科集团召开合伙人创业大会，1320 位中高层管理人员成为万科集团的首批事业合伙人。万科总裁郁亮在大会上喊出这样一句口号：“职业经理人已死，事业合伙人时代诞生。”可以说万科的举措开启了合伙人的时代。

新东方董事长俞敏洪也说过：“我是怎么被‘中国合伙人’的……”这再一次引发了关于企业合伙制的热议。

接下来是阿里巴巴、永辉超市、京东等等这些声名显赫的企业逐渐从传统雇佣制走向合伙人制度。

在合伙人制度下，管理者和员工为共同的目标聚集在一起，各有分工，朝着同一目标而努力。

在当下移动互联时代，如果你是一个创业者，便可充分利用合伙制来筹集资金，与创业合伙人并肩作战，共担风雨，共享事业成果。在管理实践中，管理者也可以借助合伙制来管理公司。

在未来的企业中只有合伙人，没有“打工仔”一说。这就要求管理者千万不要把自己当成高高在上、呼来喝去的传统老板，而是要以平等的姿态与员工相处，表达出对员工的尊重之情，充分激发员工的工作积极性，这样的公司才会充满生机与活力。

2. 你是坐在 100 层办公室里发号施令的管理者吗

管理者为什么不愿批评自己？就是因为很多时候管理者总是把自己看得很高大上。换句话说，有些人看了太多的关于霸道总裁的电视剧，甚至被这种“霸道总裁”给洗脑，自己刚开一家公司就想当然地把自己放在了霸道总裁的位置上。

无论你是初创业者，还是一个经验老道的管理者，都不应该把自己当成霸道总裁。理性一点吧，现实生活中，根本就没有霸道总裁，企业需要的是那种拥有责任心和懂得分享的管理者。

在责任上，管理者永远是企业最后的承担者，在责任面前管理者永远是管理者；而在分享上，管理者一定要记住，员工才是企业价值的直接创造者，要学会与他们分享利益。其意思很简单，管理者千万别把自己当老板。

我接触过一个管理者。作为公司的 CEO 和持有多数股权的控股人，他有最终决定权。正因为如此，他身边的员工常常会把他说的话视为最终决定。有时候他只是随意表达一下想法，但是员工就当成了命令。

事实上，这个管理者并不想成为那种坐在 100 层高宽大明亮的办公室里面发号施令的CEO。为此他十分困扰。

多数情况下，管理者都应该让有所专长的员工自己去做决定，当然，管理者不得不参与的情况除外。

所以，管理者必须要思考：自己是不是成了坐在100层办公室里面发号施令的管理者？

3. 不要做你喜欢的事情，要做企业需要你做的事情

很多管理者总是把自己的位置摆得高高在上，很少参与日常工作，这样的结果却是适得其反。

那些不断尝试直接与团队中的每个人进行交流，能融入团队工作中的管理者，却可以得到团队的认可，使团队员工与管理者的距离更加拉近。

有这样一位年轻老板，一开始始终把自己当成是高高在上的老板，从来都只是做自己喜欢做的事情。有些项目自己比较感兴趣就会亲自负责，不喜欢的就交给其他人去做。有些员工他觉得顺眼就予以提拔，有些员工就算能力很强，但他看着不顺眼就始终不予晋升。此外，在团队的工作中，他总是根据自己的心情来做决定。

半年之后，公司有才华的员工走了一大半，很多项目积压在一起，合作方也都跑光了。为了挽回公司，他开始做出改变，不再做自己喜欢的事情，而是做企业需要他来承担的事情。最成功的做法是回到了起点，在团队讨论中更多地发言，不断参与讨论，与员工一起解决问题。事实上，这些才是真正对公司、对团队有利的做法。也正因为如此，他逐渐得到了团队成员的认可，员工比以前更加尊重他，最终公司也渡过了难关。

管理者一定要在自己喜欢做的事情和公司需要的事情之间，做出一个合理的选择，明确自己的身份在哪一个层面更加有意义。

4. 从同事群中看到另一个自己

我曾经去一家大型公司拜访过一位管理者。我看到的这位管理者和大家印象中的管理者不同。

这位管理者（我们暂且叫他 R 总）经营着一家汽车零部件公司，员工有几百人，拥有一间大型车间厂房。

我去拜访他时，正看见他在和几位员工玩一种纸牌游戏，几个人席地而坐，玩得不亦乐乎。由于输了牌，R 总的脸上被几位员工贴满了纸条。我发现几位员工在 R 总面前，根本没有拘束，甚至毫无顾忌，说出了一些在我看来十分不敬的话，这些员工把 R 总当成了一位普通同事。我以为是员工们不知道 R 总是公司老总，但事实是他们都知道。

R 总对员工的这些行为并没有生气，反而是玩得非常开心。

我单独会见 R 总的时候，轻声提醒他员工的不敬。R 总却不以为然地说没关系。

R 总，身为公司的管理者，他从来没有把自己当成老板，上班的时候，他总是在车间和员工一起聊天，一起劳动，亲身体验员工的辛苦；下班之后，他还会和员工一起玩游戏、打篮球、吃饭。大家一起聊生活，聊工作，无拘无束，畅所欲言，有时候还会围绕公司的管理等方面展开讨论，这个时候，R 总总能听到关于公司管理方面很多宝贵的意见和建议，听到员工真实的想法，对他的决策起到了重要的参考作用。

R 总说了一句话："我不把自己当老板，是因为我可以在同事群中看到另一个自己。"

作为一名管理者，和员工打成一片，并非是降低身份的表现，而是拉近距离的表现。这样不但可以和员工建立和谐亲密的关系，在一定程度上还畅通了言路，让管理者能收集到丰富的建议，同时还能在这个过程中培养好的团队关系。

只有和员工融合在一起，才能从这种平常具体的工作中看到另一个自己，这个自己是真实的，也是有缺陷的。而那些颐指气使，独断专行，对员工呼来喝去，以管理者自居的人却很难理解一个企业到底是怎样运作的，也不会明白自己在哪些方面存在管理缺陷。这样的公司最终不堪一击，如一盘散沙。

所以，像 R 总这样，不以管理者身份自居，才能有所收获，才能看到有缺陷的自己，从而知道自己应该从哪些地方加以改进。

承认自我错误的“特里法则”

想要有序地管理一个团队乃至一个公司，管理者的自我认知很重要。在批判的思维中，承认自己的错误是管理者向内思考的一个重要体现。在这方面，有一个承认自我错误的“特里法则”值得借鉴。

“特里法则”的出处来自美国田纳西银行前总经理特里的一句管理名言：“承认错误是一个人最大的力量源泉，因为正视错误的人将得到错误以外的东西。”

在这方面，TCL 公司的管理者曾经做出过最好的榜样。TCL 总裁李东生曾在“企业家理论与企业成长国际研讨会”上反思 TCL 成长中的“两大失误、五大不足”。两大失误分别是指多元化准备不足，其发展战线拉得过长，真正形成有竞争力的生产线不多；国内通讯产业的发展机遇没有抓住。

此外，还列出了自己管理下的TCL的五大明显不足，分别是综合规模实力不足、研发能力不足、国际经营管理经验的不足、营销能力不足、企业体制不足。

经过这场反省之后，TCL积极改进。两年之后，在通信市场中，TCL已经成为中国移动通讯制造商中位居前列的本土企业。

很显然，这主要归因于李东生勇于承认自己的错误，并做出积极的改变。

真正高效的管理者，他们的一生都在自我批判中度过。他们从不满足现阶段的管理水平，能始终不断地深究、探索、研发。

为什么要自我批判？自我批判的直接意义在于，能够让管理者直面现实，发现自己不对和不足之处，拥有强大的内心，从而转化为高效的行动力。

世界上那些一流的管理者都是因为坚持自我批判才会在工作上更有效率。马云经常说的一句话是：“自我批判是一种精神，这种精神不是人人都能做到的。没有批判精神的人，给你一个再大的公司也没用。”

1. 管理中自我检查存在的问题并及时解决

下面来看一下推特创始人杰克·多西每天的自我检查：

（1）每天记录自己在管理工作中遇到的问题（通常要列出5个以上），思考其问题出现的原因并及时解决；

（2）每天上班之前制定一张工作时间表，合理安排时间，杜绝时间浪费；

（3）每天下班前要拿出至少半小时的时间进行总结。

不只是推特创始人，著名企业家沃尔玛公司创始人萨姆·沃尔顿曾经在公司创立时对下面的员工说过："每个人都会犯错，不管是生活上还是工作上，犯错其实并不可怕，可怕的是当问题存在时却不及时解决，不敢正视自己的错误，选择逃避，不知反省，这样的人永远成不了大事。"

他要求员工每天上班之前制定一张时间表，每天下班前半小时，用五分钟时间收拾好桌面，剩下的二十五分钟用来反思一天的工作，并整理成报告上交各部门主管、小组组长。不仅如此，他还严格要求自己坚持自我检查。

2. 有序地承认自我错误的流程

任何一个管理者都必须要具备承认自我错误的能力。其流程如下：

第一，找到错误的根源。

企业在管理中存在的问题，99% 源自管理者。管理者不亲自深入团队内部和市场，总是站在管理者的高位置上看待事情，甚至还会以主观上的经验和看法来偏激地看待问题。在决策和执行中，管理者也最容易罔顾事实，罔顾员工的智慧，总是以"说了算就是说得对"为基准。结果却是，根本问题得不到解决，其他努力也都是无功而返。

管理者必须要意识到这一点，找到错误的根源，从自身寻找，深入挖掘自己存在的管理顽疾。例如，客服部出现了客户差评问题。这时候，管理者直接就批评客服人员，认为是客服工作没有做到位。实际上，这件事可能存在客户不讲理或者客户不理智的行为，因此，管理者没有搞清楚事实，就直接以自己的主观臆断来处理，这就是错误的根源。

第二，优化问题。

很多问题的出现，其实就是一种负面的情绪使然。管理者也是这样，一旦遇到问题，管理者如果不能及时正面思考，而是以一种负面情绪来面对，那么错误只能越来越严重。

有些管理者遇到错误就开始发牢骚、抱怨、消极对待，久而久之，负面能量越来越大，甚至会达到从量变到质变的转变，使得事态持续地恶化。

如果管理者能够在问题发生时，自我批评，主动承认错误，然后和团队一起思考如何处理。那么这样呈现出来的就是正面影响，也能够让问题得到最大的优化。

第三，做出决策。

错误问题得到优化之后，接下来就是管理者做出决策的时候。管理者要明白，决策只是个思维的结果，但却需要一个系统来支撑。很多时候，管理者把决心当成了决策，这其实是一个巨大的错误，很容易让自己乃至整个团队陷入迷局。

许多时候，决心只是一种高风险的可能，而决策需要低风险的可行。决策不需要太多的激情，而需要足够的冷静和理性。

这需要管理者周全思考，经过团队的一致努力做出的决策才是真正有效的。

第四，辩证地看待承认错误。

管理者每承认一次错误，其实就是下一个进步和强大的开始。

很多人认为管理者承认错误是丢失面子的表现，是威信力的失去。其实不然，管理者需要辩证地看待这个问题。

你可以把你的缺点变成优点，这样你就没有了软肋和死穴，也就会逐渐强大到无懈可击。辩证是一把利剑，不仅可以穿透过去，更能够穿透未来，没有这个工具，思维就很难理出头绪。

会反省的人，管理都不会乱

在展开本节之前，先说一个故事：

卢卡斯是一家美妆电商公司的CEO，卢卡斯被认为是一个全能的CEO，不仅能够及时做出正确的决策，而且对产品的包装从文案到设计，他都非常有见地，经常一手包办。可以说卢卡斯是公司的“核心力量”。

员工们对他的管理和产品的把握一开始赞赏有加，因为经过卢卡斯设计的产品经常很快就能上线。

但是时间久了之后，员工慢慢对卢卡斯有了一些其他的看法。而且产品的销量也慢慢下降，很快公司遇到了大问题。

卢卡斯很着急，在公司产品设计和包装上就更加上心，甚至员工们做好的方案，他都必须要修改。员工们慢慢力不从心，逐渐离开公司。

眼看公司就要倒下，卢卡斯召开了团队会议，询问大家为什么会出现这种情况。有些员工不说话。有一位员工说：“老板总是看不惯我们的做法，而且你的做法也早就过时了，还用老一套的思路来设计产品，一成不变。”

卢卡斯这才领悟到原来这一切都是出自自己的管理问题。杂乱无序，而且俨然就是“一言堂”式的管理，这大大埋没了员工的才能。尤其是在现代互联网社会，变化日新月异，市场用户的痛点需求也在不断地变化，如果不想被淘汰，自己也要跟着做出相应的改变……

卢卡斯在会议之后，决定反思。

首先，他从团队成员那里得到的反馈中挑出一些关键词，对照自己的管理流程进行了检测，发现有些细节本是自己不需要管理的，自己却把它当成了重要事项去做。

其次，卢卡斯还给自己列了一个问题清单。当一个方案成型后，他会顺着问题清单挨个检查。

最后，卢卡斯决定定期召开团队会议，让团队成员一起发言，然后共同探讨问题，拿出解决方案，战胜困境。

《一分钟经理人》的作者兰迪·波什说过：“人之所以会改变，是因为他懂得了反思。”只有经过大脑认知的过滤，人们才会在根本上改变观念和行为。跟自己要反馈，向内求，这个过程就是反思。

1. 哪怕是小事情也要积极反思

作为一名企业的管理者，每天坚持自我反省是非常有必要的，哪怕只有一点点问题，也要改正。日本著名的管理学家稻盛和夫就是这样的人。

稻盛和夫是一个非常严格的管理者，尤其是对公司的规章制度更是非常严谨地对待。但是，他也有犯错的时候。例如，不小心忽视了制度，但是好在他能够及时意识到自己的不对，及时做出反思，然后以身作则立刻改进。

刚创办京瓷公司时，公司只有一辆小型的二轮摩托车，由稻盛和夫自己驾驶。后来随着公司规模扩大，公司配备了一辆轿车，一开始也是由他自己驾驶。因为稻盛和夫经常在开车时思考工作和管理事务，所以容易出现危险，因此公司决定雇佣一名司机。

司机每天都会车接车送稻盛和夫上下班。有一天早上，司机在规定的时间来到稻盛和夫家门口，当时稻盛和夫的妻子正巧有急事要办。于是稻盛和夫就让妻子上车，顺便带她一程。然而妻子却拒绝了，并告诉他，公司的车是为了公用，公私之间一定要划清界限，我可以另寻办法，你不要因为顺便就公车私用。

妻子的话让稻盛和夫非常汗颜。

虽然这是一件很小的事情，但是却让稻盛和夫开始反省。他意识到自己的行为对他人的影响。试想一下，如果他没有划清公司和私人的界限，经常公车私用，这一定会给员工带去不好的影响，而且也会破坏了整个管理的秩序。由此，公司制定的规章制度也就失去了意义。

从这件小事中，稻盛和夫反省道："凡事说起来容易，做起来很难，执行起来更难。如果我们不能坚定地去执行，那么制度将会失去意义，管理也将无序。"

所以，无论是大事还是小事，我们都应该怀着批判的思维去看，只要有失误，就要进行反省，特别是管理者，反省可以让管理更加有序。

2. 反省自己是否有"越位"的行为

管理者虽然是决策者，但是却不能因为自己管理者的身份而持有特权。因此，管理者必须要时刻反省自己是否有"越位"的行为。

（1）反省自己是否超越了规章制度

管理者在工作了一天之后，回顾这一天，尤其是反省自己是否超越了规章制度。例如，是否不遵守公司制度或者出现这样的念头？对此，稻盛和夫用上述自己的故事启发我们，一旦发现自己有如此想法，就要立刻扫除。

有时候很多的“不足”其实是自己发现的，而有时候却是别人发现并提醒的。例如，稻盛和夫在妻子的提醒下开始意识到自己的错误并进行反思。总之，之所以要反思，是因为身为管理者，必须要带头执行公司的制度，这样才可以带动全体员工有序工作。

（2）反省自己说的话是否有失偏颇

管理者还必须要反省自己当天说的话有没有让员工感到不愉快，是否亲切，是否傲慢，是否精准，等等。这些都能从言语中表现出来。一旦发现其中的问题，就要及时改正。因为言语有失偏颇或者言语过重，会给员工带去不好的影响，会给整个团队氛围带去不利的因素。因此，反省自己的言语也是很有必要的。

3. 反思学习能力

管理者所担当的职位始终是一个不断学习的职位，只有不断学习和进步，才能让管理更加高效。

我认识一个高管曾经在给新员工培训时，讲到自己的经历，说：“我一开始刚到公司时，对自己充满信心，觉得没有什么事能难倒我，结果还不到一个礼拜，发现自己什么都不会。这样的打击曾让我一度失去自信心。后来，我觉得自己不应该这么容易被打倒。

“于是，我开始反思自己，是否对业务知识学习不够。在一段时间内，我比任何人都努力，每天上班之余，我都会加强自己对业务知识的学习。经过一段时间的努力，在工作中遇到的问题自己能尝试着去解决。后来在我的反思和努力下，我失去的信心又回来了。

“那时候我才深刻体会到，光有干劲是不行的，还得学会正视自己的不足并及时改正。努力提升自己，要有自己的目标和规划，不断地反思自己，自我批判。只有这样，你才能成为一个合格的管理者。”

管理者在学习和反思时必须要做到三点，如图 8–2 所示。

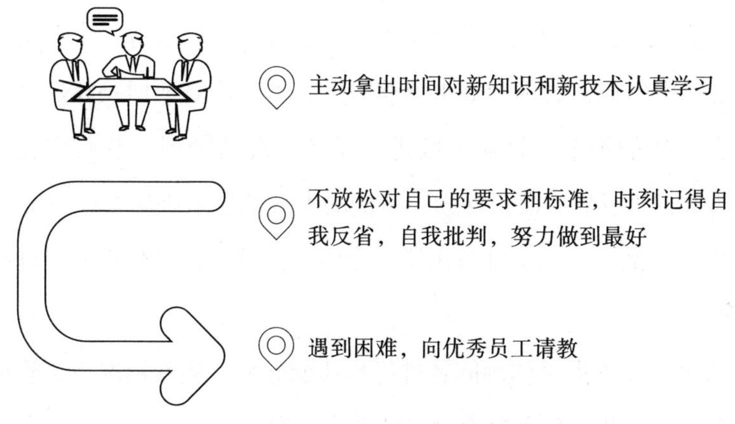

图 8-2　管理者在学习和反思时需要思考的问题

反思，是一个重新审视自己价值观与心智模式的过程，也是一个向别人学习、取长补短、完善自我的过程。只有发现自身的不足并能正视它，然后加以改正，端正态度去做事，才能超越自我，才能提高管理效率。

4. 思考失败而不是成功

任正非曾经发表过《华为的冬天》一文，里面有一句话：“十年来，我每天都在思考失败，反而对成功视而不见，没有荣誉感、自豪感，相反的而是危机感。”

为什么要思考失败？其意义在于能让你从失败中汲取教训，能让你更清醒地认识自己。这也是反思的一种方式。

身为管理者，之所以会在管理上有失败的结果，无非是因为当你在实施管理计划时有很多不可控因素，不管是来自自身的还是外界的。往往这些因素会直接或间接地影响事情的进程。

在这种情况下，管理者首先要静下心来思考失败的原因，铭记每一次管理错误，从失败中汲取教训，为下次的成功做好铺垫。

首先，从每件事出发，并认真地回顾整件事，记录每一个会出错的细节。面对每次失败，管理者如果能够静下心来，认真地回顾整件事，记录每一个会出错的细节。针对失败进行思考，总结教训，然后改进，再失败，再改进，再反省。我们深知，每次的失败都会离成功更近一步。

其次，仔细分析每个细节出错的原因，记录下来，分析原因进而找到解决办法。

在这里，要根据具体的问题进行具体的分析，通常情况下，管理者需要从自身入手，并要列举出至少三种解决方案。

最后，总结失败，汲取经验，为下次成功打下基础。

5. 全面清醒地认识自己

没有任何人的管理是一帆风顺的，失败是不可避免的。失败并不可怕，可怕的是明知失败了却不能清醒地认识自己出现的问题，失败了就一蹶不振，不会反思，这才是最可怕的。

联想集团创始人柳传志谈到自己创业的经历时说到：“当初的目标就是做一点事情。而在这个过程中，我曾经一次次地遭遇失败，但我没有放弃，一次次地忍受着失败的痛苦，不断地尝试。每天，我都会思考一个问题，为什么会失败？每次失败，我都会进行总结，这让我更清醒地认识自己，不断地从失败中汲取教训。”

把每一次失败都当成历练和教训，这样才能更全面地认识自己。

此外，管理者思考失败时，还可以向身边的人求助，毕竟当局者迷，旁观者清。

每天懂得反省的管理者，会不断发现自己的错误、管理的失误，并且借助适当的方式去改进，这样公司的管理才能越来越有序科学，也才能更加顺畅。

你的决定必须经得起透彻的分析

管理者的每一个决定都关系着公司的发展状况，如果一个决定经不起考验和分析，那么这样的决定就可能会影响公司发展。

现实中有很多管理者在遇到问题时，随随便便拿出一个决策就交代下去。实际上，管理者可能根本就没有仔细搞清楚问题的来龙去脉，只是根据自己的臆断来定决策。这样的决策显然是经不起推敲的。一旦出现这种情况，公司内部关系就会变得混乱：首先，员工在执行时，会非常吃力，有些员工觉得此决定不合情理但也要执行，所以就会出现越执行越糟糕的现象；其次，员工执行吃力是因为管理者的无经验决策，而管理者则只看表面结果，于是就会片面地认为是员工能力不行，却始终意识不到自己的决策有问题，造成管理重点出现偏差的现象。

这两种现象都足以让公司的管理陷入险境。因此，管理者必须要让自己做出的每一个决定都经得起审视。

1. 决定一定是准备付诸实施的方案

很多管理者认为做出一个决定很容易。例如我的一位朋友曾经跟我说，只要是在会上进行讨论过的观点就是决定。这种观点是一种很普遍的存在，事实上决定不仅仅是一次讨论，一种思想上的认同，一个命令或者大家的同意。我认为，决定是需要付诸实施的，尤其是对管理者来说，你做出一个决定之后就一定要将其付诸实施，且需要分配资源，使实施可以操作执行。

换句话说，如果你的决定无法给员工带去可操作的执行方案，或者说缺乏资源，那么就形同于没有做出真正有价值的决定。

决定付诸实施须通过两个方面予以保障：

第一，有足够的时间和物力去操作。

例如员工可以在执行决定之前被分配到一定的资源；有为完成任务提供的渠道、技术、客户源等等。再例如提供给员工完成这项决定的充足时间和空间。

第二，有一定的利益和名誉价值。

决定被执行必须要具备一定的利益价值，例如对员工来说，完成后可以获得某种奖励；对公司来说，完成这个决定可以为公司赢得名誉和地位等等。

很多管理者只知道发号命令，却不提供资源和渠道；只知道训话，不做决定；只给压力，不提供帮助。结果就会产生管理无序，导致员工没有执行力，事办不成或进展缓慢，而且还严重浪费时间。

2. 你的决定能否被学习

我们通常会把决策看作是一个大方向、大策略。当然，方向、策略都是必需的，但归根结底，决策应该是一系列具有长远影响的决定，是向着同一个目标迈进的一系列的决定、一系列的资源分配。

为什么很多管理者认为决策是自己的思考结果，无法被效仿，更难被别人去模仿。实际上，这种说法有些片面，甚至存在误区。

片面一：每一个决定都是独特的，所以不可能采用一个通用的模式。

我打个比方，你的公司需要推出一款新产品与你新买一间房子，看似风马牛不相及，但是到底可不可以用一个模式架构来思考并做出决定呢？

事实上是可以的。因为所有的决定都是通过付诸行动且分配资源来达到目标的，那么就可以用同一个思维架构去思考每一个决定。

片面二：每一个决定者都是独特的。

有些管理者比较理性，他可能要借助许多的资讯信息来分析，然后才能做出决定。有些人则比较果断，直觉战胜一切，他就凭着直觉做决定。无论决定者如何，只要他们能做出好的决定就可以。

但是，这个“只要”是一个非常大的假设。理性的人善于分析和思考，但也可能做出不理性的决定。为什么？因为所有的信息都是关乎过去，只有过去的事才有事实根据，未来是没有事实根据的，但是所有的决定都是关乎未来的。

我们对关于未来的决定，即使是最理性的分析，也会有未知数存在。往往越理性越往后看，反而难有突破性的进步；如果凭直觉做决定，也许会很成功，并能做出很好的决定，但我们只能羡慕这种幸运，却不能指望学习这种能力，更不能期望重复这种运气。

真正高效的决定需要理性与感性并用，不论理性或感性的管理者都应该有意识地去用一套逻辑思维来慎思每一个决定。总之，管理者的决定完全是可以有一套通用架构，而且一定是值得学习的。

3. 明确做出一个决定的流程的范围和目的

先来讲一个案例：

一家只有六个人的微型公司，管理者想要带他们去团建。但是，管理者始终没有做出最终去哪里的决定，因为他有四个备选城市，分别是：北京、上海、杭州和青岛。

管理者花费很长时间做了一份四地城市旅游的花费对照表。实际上，管理者只是做出了一份对照表而已，最终也没有确定下来。问题出自哪里？因为你没有给你的决定确定出一个明确的范围和目的。

管理者在拿到一项任务想要做出决定时，需要确定两个关键点：这项决定的范围和任务目的。有了范围，才能制定决定流程的整体框架；有了目的，流程的制定才有的放矢。

需要注意的是流程框架就相当于任务的全局，其覆盖范围只针对该项任务，并不是企业整体。比如一家超市的管理者要做出跟日常运作有关的决定，那么这个决定的范围只应该覆盖到收银结账，并不包括餐厅采购、供应商管理、库存管理等业务。但若这个决定是关于超市整体运营的，那么日常运作只能是其中的一个子集，与其他同级项目并列存在。

4. 减少决定中不必要的环节

在拿出一个决策时，管理者通常会陷入一个误区，就是将所有可能涉及的任务分支都列入进去，结果导致整个流程繁杂冗长，梳理不出主要的决定线，也找不到核心任务，这势必给具体执行的员工带去阻碍，导致执行力受挫。

因此，管理者在进行决定设计时，必须先明确主线，然后据此找出执行的核心流程，对达到最终执行效果起不到关键作用的旁支进行剪除。这种剪除，势必会导致执行人在执行过程中遇到流程中未标出的任务，但因为有主线在，执行员工通常有能力将这些旁支任务完成，回归到主线上，直至任务最终完成。

但是，这个过程中也会有很多不确定性因素干扰流程的制定，也会出现对最终执行效果产生影响的关键性事物，对此，应该如何处置？

管理者可以将这样的任务保留在整个决定流程之中，待执行员工在执行过程中碰到具体问题再具体解决。如果不确定的任务没有什么特殊情况，无须额外请示，快速执行完毕即可。如果是有关键性作用，但没有特殊情况，也不用请示。只有在既起着关键作用，又有特殊情况时，才需要向管理者进行请示。

创造性思考考验你的问题解决能力

很多人觉得创造力和创造性思考与有序管理没有关系。实际上这是错误的认识，创造性思考考验的是你的问题解决能力。

当一个普通的管理者遇到管理问题时，他可以按照常规思维去思考，但是大部分成功的管理者都是通过创造性思考力来解决问题的。乔布斯就非常擅长创造性思考，他可以在苹果公司发生危机时，发散思维，打破常规，然后看到新的曙光，快速做出新的决定。例如，当苹果在产品线上陷入低谷时，乔布斯打破先例，通过推出智能手机来获得了新生。这不但拯救了苹果公司的生产线，还让苹果的员工看到了曙光，这对苹果公司整体的管理来说是一种非常有序的发展。

俗话说："不怕做不到，就怕想不到。"

创造性思考可以借助于想象力去做决策、做管理。不仅是管理，人类通过创造力实现了太空漫步、海底穿行、对生命奥秘的解构，新一轮的信息技术也在冲击着我们的生活，包括人工智能、虚拟世界等等，这些都是通过创造性思考取得的结果。

对管理者来说，通过有创造性的思考可以让管理变得更加科学和先进，这正是有序管理的一种目的。

1. 创造性思考来源于观察

实际上，创造性地思考并不难，只要管理者懂得观察，只要观察就会有所收获。在这里，不得不提的是一个我非常欣赏的案例：

一家牙膏公司曾经在市场广泛征集一个新的营销方案，要求是这个方案可以让公司的销量提升50%。

当时，有上万个方案被征集上来，其中很多都来自知名的营销专家。但最终，公司高层决定选用这样一个只有一句话的方案——

"把牙膏管口放大一倍。"

更令人感到惊讶的是，提出这个方案的人既不是营销专家也不是营销人员，而只是这家公司的一名小职员。

为什么这个方案那么受欢迎？这个职员又为什么会提出这样的方案呢？

实际上，这个方案最富创意的地方就是管口放大一倍。我们可以这样换位思考一下，如果我们一大早起床去挤牙膏，迷迷糊糊地一挤，本来只有一小段，现在放大一倍，本来一个月用一支牙膏，现在一个月就要用两支，销售额就是提升 50%。

这就是创造性思考的结果。为什么这个职员能够想到这样巧妙的方案呢？

因为这个职员善于观察和思考。他会观察人们每天的生活习惯和规律，然后从中发散思维和进行思考，最终想到了这个方案。所以创造性思考并不是一个非常困难的事情，任何人都具有这种能力，问题就在于你要不要用日常的观察来培养。

管理者也是如此，只要你学会观察，懂得真正地换位思考观察，就能获得创造性思考的能力，例如从下列几个角度思考（见图 8–3）：

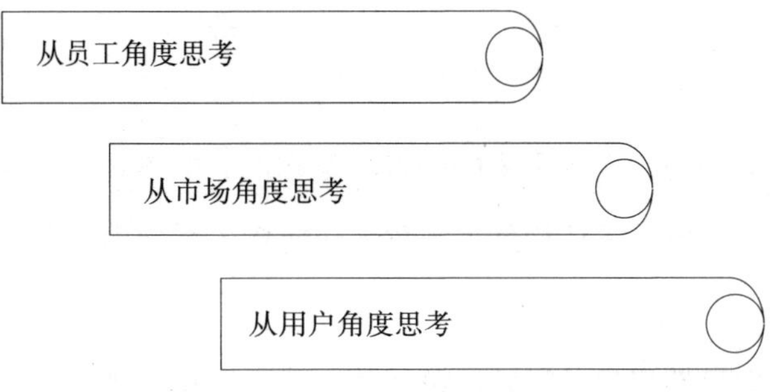

图 8-3　管理者换位思考和观察的角度

2. 在熟悉的领域内打破常规

管理者的向内思考，需要跳出框架，打破常规，但这并不代表要盲目打破常规，而是一定要在熟悉的领域内打破常规。

很多人认为创造力就是要让自己的思维如脱缰的野马一样，尽可能跑得远一点，以便让一个能够打破僵局的灵感突然从脑海中迸发出来。事实真的是这样吗？

以往惯性思维下人们提到创造力时，大脑里面马上就会蹦出这些词：脑洞大开、天马行空等。事实上，这是不对的。

那么真正的创造力是什么样的呢？如图 8-4 所示。

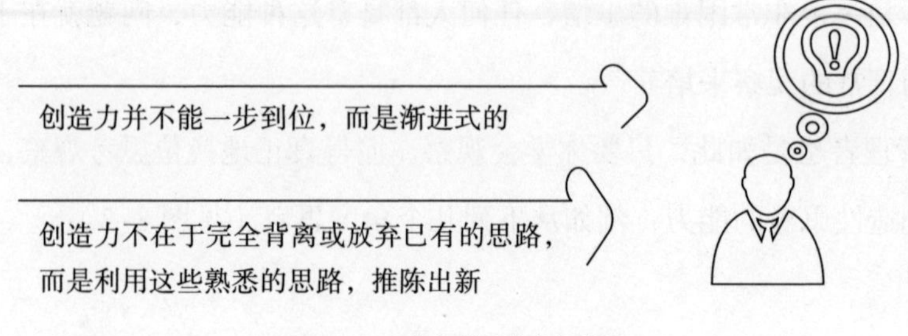

图 8-4　真正的创造力来源

对于创新来说，尤为重要的一点就是在旧有的事物与已存在的事物之间创立出连接关系，而且是真正有意义的连接关系，而这个连接也叫连接杠杆率，它代表了连接所能达到的效果。

那么我们自然很想了解到底该如何去建立这些连接关系？

这个答案就是要在熟悉的领域内打破常规，而不是一味地想着跳出大框架。因为只有在自己熟悉的领域和环境内，你才能够更好地发现事物之间的联系。

比尔·盖茨异于常人的地方其实不在于想象力有多么丰富，也不在于他天马行空的思想，而在于他能在自己擅长的计算机领域对于细节抱有至上的追求，这种对细节的创新和追求创造出了微软一代又一代无与伦比的产品。

3. 有序的创造性思考

第一，积极主动。

任何的管理方案和决策，都需要积极主动来作为前提。在创造力思考上面更是如此，如果管理者不去主动发现、创造，你就不会发现新的方法，更不会有新的突破和成就。因此，采取主动，是对公司全部员工以及公司未来发展负责的一种体现。当然，管理者再积极主动也还需要依据自己内在的原则和价值观来做决定，而不能仅凭心血来潮似的情绪或外在环境来下决定。

第二，以终为始。

在做任何计划时，都要先拟好一个愿景和目标，对于管理而言，使命宣言可以说是愿景的最高形式，主宰了所有其他的决定。管理者在进行创造力思考时，最好坚持这种原则：先给自己制定一个愿景和目标。例如你希望当前的管理可以达到一个什么程度，用一个数字或者图表来量化这个目标，以此让创新更加富有成效。

第三，多赢思维。

在进行创造性思考时，管理者必须要以整个团队为基准和出发点。创造力的思考不是个人的事情，因此，从全局和团队整体效益的出发点去思考和创新，才能真正有所突破。

第四，统合综效。

在进行创造性思考时，管理者首先应确定创新性的决策能不能带来比当前更大的效益。

第五，不断更新。

管理者在工作中，从大的策略到小的细节，都要遵循不断更新的原则，不断更新自己。

根据这五种方式来进行创造性思考，管理者才能更好地做出科学的决定，让公司在更加顺畅的道路上前行。

任何一个想法都要不断测试和评估

管理者的想法关系到公司的发展决策和效果，所以管理者的想法是否具有实操性，是否有价值，需要不断被测试和评估。就如同公司新开发一种产品，必须要经得起产品的测试和评估，才可以正式上市。

1. 依靠“PDCA 循环模型”自动查验

当一项决策在管理者的脑海中形成之后，需要对此进行查验。对这种决策的查验是很有必要的，通过这一步骤，可以检查出其中可能会出现的执行疏漏，这在很大程度上能够帮助决策更加完善。

为了查验，管理者可以用“PDCA 循环模型”工具来进行反复查验。先来看一下该工具模型，如图 8-5 所示。

“PDCA 循环模型”是由美国管理专家爱德华兹·戴明博士首先提出，所以又称“戴明环”。所谓“PDCA”，是英语单词 Plan(计划)、Do(执行)、Check（检查）和 Act（处理）的首字母组合。

其含义是将管理分为 P、D、C、A 四个阶段，并且把各项工作流程进行排列，先后为：拿出计划、实施计划、检查实施效果、处理具体错误的顺序，然后再次返回按步骤循环，进行下一次查验。

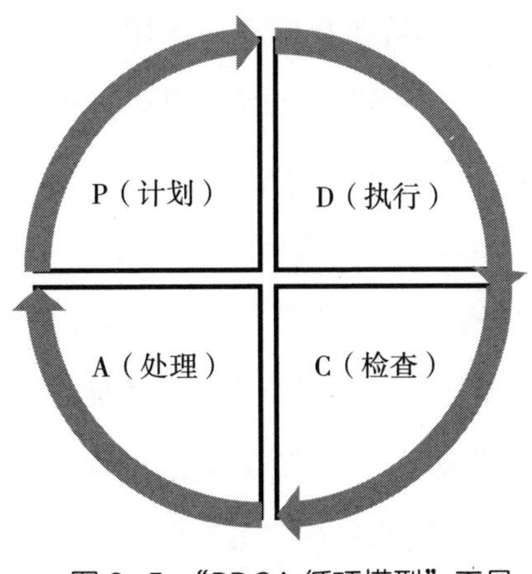

图 8-5 “PDCA 循环模型”工具

具体的操作如下：

P（计划）——对当前管理者的计划和决策进行检查，包括目标的确定、规划的制定。

D（执行）——根据已知的信息和已有的资源，列出可执行的方案，然后进行执行测试，检查具体实施的流程布局，再根据流程布局，检查具体运作的过程。

C（检查）——总结上述执行测试流程中的效果，分辨清楚哪些是对的，哪些出现了不足，并且明确利害关系，找到引发问题的关键因素。

A（处理）——对总结的结果进行处理，对测试执行中好的想法和做法加以肯定，并予以标准化；对没执行好的要进行纠错改正，引起重视。

至此，一次“PDCA 循环”执行完毕，对一个管理者的决策的查验也进行完毕，找出了一些不足。但一定还会有其他未被发现的不足，所以，该查验循环不能进行一次就宣告结束，需要周而复始地反复进行，一次循环完了，纠正了一些不足，随即开启下一次循环。换句话说，“PDCA 循环”是一个大环套小环，不断循环，螺旋上升的流程查验方法。

管理者要对自己的决策进行反复的查验，所以利用“PDCA 循环模型”并非只是在同一水平上循环，而是阶梯上升式循环。每循环一次，就发现一部分不足，管理者的想法就更有价值一些，最终才能拿出最可靠的方案。

当然，流程查验的次数也应该是有限的，不能无限度地进行下去，因为永远不能确认管理者的决策是否到达最完美的程度，无限反复就成为死循环了。通常情况下，这种监测进行三次为宜。

此外，管理者还需要注意一点，“PDCA 循环模型”作为决策查验的方法，不仅要适应一个决策，还要适应复杂的决策，例如一系列决策或者想法。我们都知道，管理者有时候会根据市场变化或者公司发展提出一组或者一系列的想法，这可能涉及公司综合层面，范围会比较广。有时候，是某一个想法独自运转，有时候是几个决策一起组合运转。当几个决策组合运转时，说明会调动大量公司资源，包括人力、物力，所以这种情况下，对决策的检测查验就更为重要，务必确保每一个决策都能优质执行，才能实现整体全部决策的有序进行。

这种情况下，单独进行决策的检测查验就不合适了，需要将所有的决策按照“PDCA 循环模型”统一进行查验。

2. 归纳法评估

在捕鱼的人眼中，一根丝线是不可能把鱼捉到的，一定要将这丝线结成网，才能抓住鱼。因为网点越多，鱼就越难以逃脱。

管理工作中也是如此，需要通过不断的总结，形成一个一个的网点，进而结成一张大网。这样才能让自己的管理决策和想法更加严谨。这需要用到归纳法，如果我们不善于归纳总结，就会像猴子掰玉米一样，掰一个，丢一个，最终不会有任何收获。

如果不信，你可以看看医生出诊的箱子就知道了。

医生的出诊箱总是被整理得非常利索整齐。因为医生出诊时，病人的性命危在旦夕，若医生一会儿找这个工具，一会儿找那个器具，难免忙中出错，这关系到急救的效率，也关系到一个个生命。

所以，如果管理者提出的想法或者决策在执行中效率非常低下，或者根本不适合公司发展，那么这不仅是出于管理能力不足，还可能是因为杂乱无序，不懂得归纳评估所导致的。

第一，对提出来的想法进行全面归纳总结，客观做出分析。在这个过程中，甚至还可以借助其他人的帮助，让一些有经验的老员工一起参与分析。

第二，分析时要有条有理，善于归纳。

管理者可以将自己的想法在一张纸上写出来，然后中间画一条竖线，左侧标注优点；右侧标注不足（见图 8–6）。

优点	不足

图 8–6　罗列优缺点

然后尽可能地将优劣势罗列出来。当然，也可以让一些不参与该计划的有经验的员工协助分析。最终，在这种有条理的分析下归纳出来的决策优劣势是最有说服力的。而且通过这种图表的方式，也能一目了然，管理者可以在最短的时间内清晰地了解到自己的决策的客观价值，从而再决定是否执行。

3. 小规模测试

管理者还可以在自己的想法成熟之后，借助小规模执行来测试和检验。例如有一个管理者根据市场调查发现做生鲜电商比较有前景。但是却又不敢冒险让公司转型，所以在无奈之下，推出了小规模尝试。

他先是成立了一个仅有 6 人的生鲜电商小组，在这个小组中，把技术开发、页面设计、程序设计等外包出去，然后由两名业务员负责联系果农客户，两名员工负责接单和客服，两名负责营销运营。

三个月之后，这个小组的运营效果竟然非常不错，在这期间，管理者又调来了两名员工负责维护客户和一名员工负责创意发布。半年之后，这个生鲜模式依然处在盈利且持续上升的阶段。于是，管理者决定开会，会上大家一致赞同转型生鲜电商。

这就是小规模测试的重要性。当然，失败的案例也有很多，如果没有这些小规模的测试，盲目大规模地去执行，很容易出现管理运营上的杂乱无序，甚至还会让整个公司、组织的计划失败，让公司处于危难之中。所以，管理者认为一个方案成熟时，可以根据自身公司发展和运营情况组织小规模执行团队测试，以避免不必要的风险。